W0461199

Aidez-moi
à trouver mes marques !

Dr Michael Rohr

Aidez-moi à trouver mes marques !

Les repères du tout-petit

Traduit de l'allemand par Frédéric Trinques

Préface de Etty Buzyn

Albin Michel

Collection « Questions de Parents »
dirigée par Mahaut-Mathilde Nobécourt

Titre original :

FREIHEIT LASSEN - GRENZEN SETZEN
© Verlag Herder, Fribourg-en-Brisgau, Allemagne, 1998

Traduction française :

© Éditions Albin Michel S.A., 2000
22, rue Huyghens, 75014 Paris

www.albin-michel.fr

ISBN : 2-226-11534-X
ISSN : 1275-4390

Préface

La tendance actuelle qui conduit à focaliser notre attention sur les enjeux liés à la parentalité empêche trop souvent les parents de suivre leur sensibilité propre, et les met dans une proposition d'incompétence vis-à-vis de leurs jeunes enfants. Cela les plonge dans une impasse qui les empêche de faire confiance à leur intuition par trop dévalorisée, et de revenir à leur propre enfance pour interroger leurs expériences précoces riches d'enseignement. Mais parmi le foisonnement d'ouvrages spécialisés qui inondent les adultes tutélaires soucieux de jouer leur rôle de bons parents, ce livre a le mérite de ne pas ajouter une confusion supplémentaire aux doutes qui les assaillent déjà passablement, ni de les désorienter par des préceptes éducatifs trop catégoriques.
Pédiatre inspiré par d'autres préoccupations que la simple puériculture, le Dr Michael Rohr délimite clairement son propos qu'il situe de façon élective dans le registre de la communication des parents avec leur bébé. Communication qui n'est pas sans générer des malentendus de plus en plus fréquents dans notre société dont le souci majeur se limite à faire des bébés performants. Pour résoudre ces situations imprégnées d'angoisse et faites d'incompréhension mutuelle qui parasite la relation précoce parents/enfants, la nécessité s'impose selon lui de mieux interpréter ce que pourrait vouloir ce bébé, au-delà de ses besoins élémentaires, bébé interlocuteur privilégié des parents certes, mais dont les signaux porteurs de messages restent très fréquemment difficiles à décoder.

Proposer à ces parents souvent démunis et perplexes des pistes qui leur permettent de sortir des impasses dans lesquelles ils se débattent avec leur enfant, telle est donc la priorité que l'auteur s'est fixée. Priorité repérable à travers toutes les observations cliniques et les commentaires fructueux qui émaillent et dynamisent son propos. Et cela dans un souci constant de définir le mode d'échange le plus approprié au niveau de développement où se trouve l'enfant, pour qu'il soit enfin en mesure d'intégrer les messages éducatifs apaisants de ses parents.

Ces procédés qui aident le petit enfant à se repérer dans un environnement stable et sécurisant sont favorables à l'élaboration de son équilibre intérieur, et le rendent apte à affronter les vicissitudes et les frustrations inévitables de l'existence. Objectif primordial s'il en est, qui passe nécessairement, pour les parents, par une prise de conscience courageuse des maladresses et des dérives affectives que génèrent la responsabilité inhérente au fait d'élever un enfant.

Or, il nous faut bien admettre et répéter que le parent idéal n'existe pas et qu'il ne peut que se contenter d'être un parent « suffisamment bon », pour nous référer une fois de plus à la formule de D.W. Winnicott. Dans cette optique, se fondant sur une observation fine et complète des processus relationnels en jeu dans des situations conflictuelles quotidiennes, l'auteur cherche en premier lieu à sensibiliser les parents, sans jamais les culpabiliser, pour faire appel à leur simple « bon sens ». Il crée ainsi une dynamique de changement tout aussi bénéfique pour le jeune enfant que pour ses parents, auxquels il propose un autre « angle de vue » sur ce qui se joue ou se rejoue dans leur relation perturbée à leur enfant. Michael Rohr leur permet ainsi d'accéder à la maîtrise de situations qui ne soient plus le produit d'une inflation des répétitions symptomatiques d'un malaise dans lequel l'enfant et sa famille se retrouvent trop souvent piégés de façon insidieuse. Toutefois, il peut arriver qu'à la naissance de leur bébé, le père ou la mère soit assailli à son insu par le retour exacerbé de sa propre histoire.

Il devient alors souhaitable que les parents interrogent le blocage avec leur enfant autrement que par une simple approche des comportements qui, dans ce cas, s'avère rarement suffisante pour régler le problème.
Ici, le pédiatre, par sa fonction de tiers objectif et séparateur, introduit une sorte de « pause » dans les relations altérées de la famille et redonne à chacun des partenaires son espace de liberté à la fois physique et psychique. Car englués qu'ils sont dans une escalade dont l'enfant s'empare pour en devenir très vite l'initiateur tout puissant, les parents n'ont pas les moyens de se dégager seuls de cette spirale relationnelle qui dénature les rapports à leur enfant et ne produit que de la souffrance.
En France, contrairement à l'Allemagne, une minorité de mères arrête de travailler. Pour autant, le propos du Dr Rohr s'avère tout aussi pertinent pour le temps limité dont le parent dispose avec son enfant que pour l'ensemble des professionnels de la petite enfance, avec lesquels de nos jours les enfants passent le plus clair de leur temps, même si le enjeux affectifs y prennent une moindre part.
Ni rééducateur, ni détenteur de recettes miracle, l'auteur se contente de n'être que l'interprète fidèle des demandes du jeune enfant à ses parents et de ses attentes légitimes dans un monde où tout pour lui reste à décoder. Quelles peuvent être les aspirations profondes d'un petit enfant ? Quels repères, quels signes de réassurance, quelles limites attend-il de ses parents ? Sans aucun doute pour l'auteur, la seule attitude responsable des adultes tutélaires face à ces interrogations consiste à « être dans le vrai » pour permettre à l'enfant de se construire une « sécurité de base » fondamentale pour son équilibre présent et à venir. Ainsi, dans un souci de médiation qui constitue l'axe majeur de son ouvrage, il propose une grille de lecture originale des principes qu'il développe tout au long des différents chapitres, pour les condenser ensuite en « devises – aide-mémoire », nous offrant ainsi les clés d'une véritable « hygiène mentale » de la relation parents-enfants.

Autant de préceptes lumineux suggérés aux parents pour les inviter à s'en imprégner, afin d'être eux-mêmes en mesure de les inculquer à leur progéniture. C'est à ces conditions qu'une véritable éthique de respect mutuel peut s'instaurer valablement entre les différents partenaires pour permettre à chacun de s'épanouir dans la créativité de son rôle et dans la joie de vivre.

Etty Buzyn

« Je n'ai point compris qu'on distingue les contraintes de la liberté. Plus je trace de routes, plus tu es libre de choisir. Or chaque route est une contrainte, car je l'ai flanquée d'une barrière. Mais qu'appelles-tu liberté, s'il n'est point de routes entre lesquelles il te soit possible de choisir ? Appelles-tu liberté le droit d'errer dans le vide ? En même temps qu'est fondée la contrainte d'une voie, c'est ta liberté qui s'augmente... »

Antoine de Saint-Exupéry [1]

1. *La Citadelle*, Chap. LXXXIII, Paris, Gallimard, 1948.

Introduction

Sébastien, petit garçon de deux ans, m'est présenté pour une visite de routine. Pourtant, dès les premiers mots de notre entretien, les parents en viennent au point qui les préoccupe : il leur est devenu impossible de dormir une nuit sans interruption. Quasiment toutes les nuits, ils se lèvent deux à trois fois, parfois même beaucoup plus, pour consoler leur fils. Celui-ci, disent-ils, a bien fait ses nuits les troisième et quatrième mois, mais depuis, c'est fini.
Devant moi est assis, le regard triste, sur les genoux de sa mère, un Sébastien qui suit de manière le plus souvent craintive le moindre de mes mouvements ou s'amuse avec le lobe de l'oreille de sa mère. Dans une main, il tient son doudou, dans l'autre un biberon de jus de carottes. La mère tient à sa disposition une gaufrette de riz entamée, mais Sébastien a encore sa tétine dans la bouche. Il s'agite, se tortille de gauche à droite et tente, aux cris de « Bras ! Bras ! », de s'extraire des genoux de sa mère pour aller dans les bras de son père – et retour. Les parents accompagnent et en fait encouragent autant l'un que l'autre de leurs mains les allées et venues paniques de Sébastien. Ni son père ni sa mère ne semblent vouloir le garder et le tenir, comme s'ils n'en avaient pas la force...
Les parents dépeignent des nuits harassantes après un rituel d'endormissement qui traîne péniblement en longueur. L'ambiance de la famille se tend, disent-ils, l'absence de sommeil chronique provoquant une irritation généralisée.

Il est on ne peut plus manifeste que l'agitation et l'instabilité de l'enfant pendant la consultation sont liées à son grave trouble du sommeil.

Que manque-t-il ici ? Qu'a-t-on oublié de faire ? Ou bien Sébastien a-t-il perdu quelque chose ? Comment peut-on l'aider à le retrouver ? Il semble évident que Sébastien n'a pas réussi à acquérir la moindre confiance en lui : la visite chez le docteur – qui s'avère relativement pénible pour beaucoup d'enfants – est pour lui une épreuve désespérée qui le dépasse. Bien plus : il ne supporte même pas le simple fait de devoir se passer nuit après nuit de la présence et de l'assistance continuelles de ses parents. Ces derniers ont, avec le temps, mis au point une série de stratégies d'apaisement qui, au contraire, dans les cas « sérieux », semble plutôt accroître la détresse de Sébastien : il n'arrive pas à trouver de point d'ancrage, de fondement, de sécurité en lui-même et ses parents, par la sollicitude tous azimuts pour ne pas dire chaotique qu'ils cherchent à apporter à son équilibre psychique, ne font que le conforter dans le sentiment qu'il a bel et bien raison d'être inquiet.

Qu'attend-il de nous ?

Sébastien manque tout bonnement de **confiance en soi**. Mais pourquoi ? La question centrale à laquelle, en tant que parents, nous nous voyons justement confrontés au début est bien : qu'est-ce qu'un enfant attend de ses parents ? Que devraient-ils mettre à sa disposition pour lui offrir les meilleures chances de développer ses possibilités ?

Sans conteste, bien sûr, de l'amour et de la sûreté ! C'est la condition première. Mais il reste à savoir « comment » : comment s'exprime notre amour, de quelle manière pouvons-nous donner à notre enfant ce sentiment de sécurité ? Voilà ce dont il va être question dans ce livre.

Ce qui, de nos jours, conduit bien des parents à se poser des questions et les confronte de plus en plus souvent à des problèmes quasi insolubles, c'est **la définition et le respect des limites**. Depuis quelques années, il apparaît de plus en plus clairement qu'il est impossible, quand on vit quotidiennement avec des enfants, de faire l'impasse sur la nécessité absolue d'établir des règles chargées d'assurer tout simplement les rapports entre les uns et les autres. La remise en cause bienveillante mais critique de ce qu'on peut appeler l'éducation anti-autoritaire est pour beaucoup dans cette prise de conscience.

On s'aperçoit en outre que ces limites posent moins de problèmes quand elles sont définies **depuis le début**. Le confinement de l'enfant à naître est dicté par la nature pour permettre sa croissance et sa maturation. Après la naissance également, le développement de l'enfant s'effectue plus sûrement et avec de meilleurs résultats dès lors que le cadre sécurisant des premiers temps cède d'abord très progressivement et ne concède à l'enfant que l'espace qu'il est en mesure d'investir.

Pourquoi ne pas faire partager aux autres parents les expériences si proches vécues par tant de parents ? Le besoin en est réel, à l'aune de la perplexité quotidienne de chacun d'entre eux et le foisonnement des ouvrages sur la parentalité l'indique bien.

Il n'en demeure pas moins qu'il existe trop souvent un fossé gigantesque entre la théorie et la pratique ! C'est ce fossé que j'ai souhaité combler en écrivant ce livre.

Chaque chapitre contient une **devise aide-mémoire** qui en résume la thématique. C'est une sorte de prière qui sortirait de la bouche de l'enfant. Il en découle une courte liste des huit vœux les plus intimes de l'enfant envers ses parents.

Un peu d'expérience permettra à chaque mère et à chaque père, dès lors qu'ils sauront interpréter correctement ces signaux, de se rendre compte bien vite que précisément ce sont toujours ces besoins-là que leur enfant exprime ; et ils constateront rapidement que la satisfaction de ses aspirations réelles lui confère une joie

de vivre, une créativité et un équilibre inébranlables et franchement communicatifs.
Quel intérêt cela peut-il avoir pour le lecteur ? Avant tout, je pense, de se sentir encouragé et amené à se dire souvent : « C'est bien ce qui m'a toujours semblé... bien qu'on ne cesse de lire et d'entendre qu'on devrait éviter de... et qu'il vaudrait mieux au contraire... ! ? »
C'est exactement ce genre d'encouragements dont j'ai eu besoin et que j'ai abondamment reçus, tant au fil de mes consultations que pour la conception de ce livre. Ces encouragements sont venus pour l'essentiel de mes interlocuteurs, les parents, que j'ai le bonheur d'accompagner à travers ces années passionnantes mais bien souvent difficiles. Être parent, c'est comme traverser l'Atlantique à la voile : ce n'est qu'une fois les amarres larguées qu'on devine l'aventure dans laquelle on s'est lancé et il n'est pas rare qu'on ait alors vraiment besoin de quelques encouragements !
Redoublons de courage ! Telle est la devise, car plus les parents ont de courage, plus il peuvent offrir de soutien à leur enfant, autant face à sa peur de se retrouver tout seul la nuit que lors de sa rencontre avec le pédiatre !

1

Un soutien sûr rend heureux

Juliette, onze mois, souffre d'une forte fièvre. Sa mère me téléphone pour me demander de passer la voir. En chemin j'essaie de me remémorer les conditions de vie de cet enfant : les parents font tout ce qu'ils peuvent pour le bien-être de leur fille, s'inquiètent souvent et beaucoup pour le moindre ennui de santé, comportement que j'impute en partie au fait que Juliette est née avant terme. Et si les trois semaines de soins intensifs avec assistance respiratoire se sont déroulées sans encombre, elles n'en ont pas moins été une épreuve pénible pour tous les intéressés.

Après sa sortie de clinique, Juliette, bien qu'exclusivement nourrie au sein, a bientôt été victime de violentes coliques abdominales. Elle est devenue ce qu'on appelle un enfant vomisseur, c'est-à-dire qu'elle vomissait souvent de petites quantités de lait et souffrait d'aigreurs d'estomac. Pour apaiser sa continuelle agitation, il s'est avéré efficace de la bercer dans les bras jusqu'à ce qu'elle s'endorme. Objectivement, Juliette grandissait bien. Généralement d'une humeur enjouée, elle prenait part avec intérêt à tout ce qui se passait dans sa famille. Le seul hic, c'était le sommeil, et cela de plus en plus à partir du cinquième mois, malgré la disparition presque totale des troubles abdominaux : on devait lui donner le sein plusieurs fois par nuit pour qu'elle se rendorme. Et c'était pire quand elle avait un petit rhume ou qu'une dent pointait.

Lorsque j'arrive, sa mère m'ouvre la porte avec Juliette dans les bras. Celle-ci se met à pleurer dès qu'elle me voit. Sa mère m'informe que la fièvre s'est déclarée quelques heures auparavant et qu'il n'y a pas

moyen de la faire baisser. À part cela, l'enfant ne manque apparemment de rien, elle est même de temps en temps d'assez bonne humeur, elle joue ou babille, boit bien mais ne veut plus manger à la cuillère et refuse absolument qu'on la couche.
Juliette se prête de mauvaise grâce à l'auscultation, mais parvient toutefois à transformer sa peur du début en protestation furieuse. Hormis la fièvre, elle ne présente aucun symptôme flagrant. Il s'agit visiblement de ce qu'on appelle un érythème infectieux, une affection virale bénigne, même s'il est vrai qu'elle provoque une forte fièvre. La suite de l'histoire confirme mon diagnostic : la fièvre disparaît le troisième jour et fait place de manière transitoire à l'éruption caractéristique qu'on vient me montrer en consultation. Cette fois, les parents sont là tous les deux et, en dépit de la disparition de la fièvre, ne sont nullement soulagés. Juliette, m'informent-ils, souffre de douleurs aiguës qui apparaissent aussitôt qu'on tente de la coucher, de sorte qu'il faut la porter et la promener dans l'appartement toute la journée et une grande partie de la nuit. On ne compte plus le nombre de fois où il faut lui donner le sein et elle hurle même quand elle est au sein. Les instants de bonne humeur ont totalement disparu, elle n'est plus que geignarde ou apathique.
Après un examen approfondi et des analyses de sang et d'urine qui ne permettent pas de déceler la moindre infection, je m'installe avec les parents autour d'une table et leur explique que Juliette est certes physiquement guérie, mais qu'elle est encore bouleversée par ce qu'elle vient de vivre. Elle ne souffre pas seulement du fait d'avoir été malade. C'est surtout d'avoir vu ses parents se comporter, pour des raisons compréhensibles, d'une manière tout à fait différente de l'ordinaire qui la déstabilise. Je leur donne l'assurance suivante : « Juliette va très vite recouvrer son état normal si vous vous engagez fermement à revenir à l'ordonnancement des jours et des nuits dont elle a l'habitude – et à considérer tout le reste comme secondaire. Car enfin, les parents, c'est vous ! »
Quelques jours plus tard, les parents m'informent par téléphone : ils ont retrouvé leur petite fille enjouée et pleine de santé.

Pourquoi le cas de Juliette est-il une illustration caractéristique de la thématique du soutien ? Abstraction faite des troubles provoqués par sa maladie, de quoi cette enfant manque-t-elle le plus ? C'est vers la fin de sa maladie que le problème éclate de la manière la plus évidente : les atteintes dont leur fille est victime provoquent chez ses parents une affliction et un souci hors de proportion. Avec pour conséquence que leur enfant a l'impression que leur comportement s'est radicalement modifié. Autrement dit, au petit chagrin d'être malade vient s'ajouter un chagrin bien plus gros, à savoir le pénible sentiment que quelque chose d'essentiel vient de se casser.

Ne pas se laisser gagner par l'angoisse

Cette perte de joie de vivre est une sorte d'effet ping-pong : bien entendu, la lassitude et la morosité de Juliette ont été provoquées par sa maladie et par sa fièvre ; chez ses parents, en revanche, cela a suscité une grande inquiétude, faisant disparaître le climat de bonne humeur habituelle. Cela afflige Juliette à son tour, car, en fin de compte, le monde qui lui est familier vient de subir une sérieuse avarie. Et comme la persistance de l'apathie de Juliette accroît encore le souci de ses parents, le cercle vicieux est parfait. Ce n'est qu'en élargissant le diagnostic et en discutant intensément avec les parents qu'on peut parvenir à interrompre puis à briser cette spirale d'angoisse.

La réaction des parents est sans doute liée aux difficultés qu'ils ont rencontrées dans les jours et les semaines qui ont suivi la naissance de leur enfant et qu'ils ne peuvent bien évidemment pas oublier. On peut également supposer qu'il en va de même pour le bébé. Ces toutes premières expériences ont sans doute été la cause principale de ses troubles abdominaux et de ses

fréquents vomissements, mais nous verrons cela plus loin (chap. 4).
Le principal « défaut de la cuirasse » n'en reste pas moins ici que des parents angoissés ou déstabilisés ne sont pas en état d'offrir à leur enfant le soutien dont il a justement tant besoin dans cet état de particulière impuissance qu'est, par exemple, une maladie. Car aux troubles immédiatement relatifs à la maladie *(« Tout fait mal et tout est moche ! »)* vient s'ajouter l'affliction liée à la perte de l'habituel *(« Plus rien n'est beau, plus rien n'est comme d'habitude ! »)*, dès lors que les parents voient dans le fait que leur enfant tombe malade une confirmation de leur attitude angoissée : ils vont être incapables de cacher leur anxiété et – par trop de compassion, sans doute – se laisser déborder. Mais, ce faisant, ils vont sans le vouloir renverser pour leur enfant le socle de sécurité sur lequel il se tient *(« Et le pire, c'est que mes parents sont devenus méconnaissables ! »)*.
Comme je l'ai déjà dit, il est fréquent que ce processus de déstabilisation réciproque s'envenime au cours de la maladie, de sorte que ce n'est qu'après le paroxysme, le déclin de celle-ci et la guérison progressive que paradoxalement le moral est au plus bas : l'enfant ne mange plus, la famille ne dort plus, tous ont les nerfs à vif, tout le monde est déprimé. C'est presque miraculeux qu'aucune complication ne survienne alors, comme par exemple une otite moyenne ou une pneumonie !
Comment peut-on expliquer le décalage avec lequel se manifeste cet abattement ? Naturellement, la maladie ronge et use les forces jour après jour ; il peut finalement s'avérer plus fatigant d'être au chevet d'un malade que d'être malade soi-même. Mais dans la perception de l'enfant s'ajoute le fait que ses parents ont totalement perdu leur joyeuse tranquillité et il vit cette perte d'autant plus douloureusement que les troubles désagréables liés à la maladie ont déjà disparu et que ses sens sont de nouveau en éveil.
Par bonheur, dans une telle situation, la plupart des parents recherchent de leur côté aussi des conseils et des soutiens, en consultant

par exemple le pédiatre qui est, dans la plupart des cas, à même d'exclure l'hypothèse d'une affection sérieuse et de procurer du soulagement. Il peut s'avérer tout aussi utile de faire appel aux grands-parents, leur donnant ainsi l'occasion de partager leur expérience et de prodiguer leur réconfort (*« Vous avez aussi été comme ça ! C'est pas si grave que ça ! Le mieux, c'est de... »*), ou bien à ses frères et sœurs, à ses amis, à ses voisins : on n'est pas seul dans les cas difficiles.

Mais revenons à Juliette : ce n'est pas cette première infection fébrile qui a confronté les parents avec les chagrins du nourrisson : dès la naissance, ils ont dû affronter l'épreuve des soins intensifs. Et à peine cette période était-elle passée que sont apparues les célèbres coliques des premiers mois (qui se déclarent d'ailleurs pareillement chez les bébés nés en pleine santé). Juliette n'a vraiment pu se calmer que lorsque ses parents ont réussi à faire preuve de plus de confiance en eux et à profiter pleinement de l'heureux développement de leur enfant. Ce qui nous amène à notre première devise :

« Soutiens-moi ! »

Ce n'est pas un hasard si cette prière est le premier moteur de toutes les actions des parents ; car c'est bien, au début du moins, le plus universel de tous les désirs de l'enfant que de se sentir de nouveau autant à l'abri que dans le ventre de sa mère. Aussitôt après l'accouchement ou au plus tard lors des premiers troubles, par exemple à deux ou trois semaines, il s'agit surtout de savoir quel soutien et quelle sécurité nous pouvons procurer à notre bébé quand il est inquiet.

Et c'est là que commence le problème ! Bien souvent, les jeunes parents manquent de confiance, et tout particulièrement ceux qui ont les meilleures intentions du monde et un maximum de connaissances quant à leur nouvelle mission. Et j'insiste bien sur ce point auprès des parents concernés, non seulement en consultation, mais aussi à cet endroit de mon livre : quand un bébé sensible a besoin d'être apaisé et ne peut s'endormir que dans les bras, il est clair, expérience à l'appui, que ses parents l'entourent de beaucoup d'amour et font preuve d'un grand sens des responsabilités.

Pour le réconfort de tous les intéressés : nous disposons tous en quantité suffisante des qualités indispensables à notre bébé ; tout le reste est secondaire et peut s'apprendre !

Les principaux besoins du nouveau-né

Observons encore une fois ce qu'un enfant attend de ses parents : de quelle sorte de soutien a-t-il besoin au cours des premières étapes de sa vie ? Quel moyen a-t-il de retrouver toujours cette tranquillité dans laquelle il pourra puiser l'énergie nécessaire pour mettre en œuvre sa joie de découvrir et son activité créatrice ?

Pour bien comprendre toute la signification de notre première devise « *Soutiens-moi !* » comme le plus fondamental de tous nos désirs au début de notre vie, nous devons essayer de nous remettre dans la situation du nouveau-né.

Il vient d'accomplir un pas décisif, il vient de subir une transformation définitive de son mode de vie, une transformation comme il n'en revivra pas d'autre tout au long de sa vie. Il a, semble-t-il, perdu tout ce qui faisait sa vie jusqu'à l'instant de sa naissance : tout était plein des bruits et des sons du corps de sa mère. Les caractéristiques principales de cet univers étaient un mouvement permanent et la sensation rassurante d'être soutenu et protégé. Voilà tout ce que le nouveau-né connaît de sa mère, ce qu'il veut retrouver ou ce dont, du moins, il a du mal à faire son deuil.

Bien sûr, le fait d'être mis au monde lui apporte mille nouvelles occasions de se développer librement. Mais ces chances nouvelles qu'on lui offre, le bébé va les saisir avec d'autant plus de joie que nous nous appliquerons à lui procurer des « sensations intra-utérines » chaque fois qu'il nous signalera qu'il ne se sent pas très bien.

Observons en détail les différents besoins d'un bébé :

– être tenu et porté,

– être transporté,

– percevoir des sons et des bruits, et principalement des voix familières,

– être nourri.

Nous voyons qu'à l'exception de ce dernier point, les besoins dont nous venons de faire la liste sont étroitement liés aux perceptions familières de la vie prénatale, qu'ils donnent au bébé un sentiment de sécurité et lui permettent de trouver sa voie, de parvenir à la tranquillité et à la détente.

Si l'on veut se convaincre un peu plus que le fait d'être porté et transporté représente l'essentiel de l'univers du nourrisson, il suffit d'observer les peuples primitifs : l'enfant est porté de nombreuses heures par jour et prend ainsi part aux activités de sa mère. Chez les nomades – où on retrouve encore présentes les dispositions originelles du genre humain – ce mouvement continuel prend la forme d'une pérégrination, et donne au bébé qui lui est soumis la sensation de **ne pas être abandonné**.

Cette sensation de sécurité totale, le sentiment de faire partie d'un tout vivant, dont les facultés sensorielles de l'enfant lui permettent de deviner l'étendue à défaut de le comprendre, l'immédiate intelligibilité de ces conditions de vie forment la base de ce qu'on appelle la **confiance primordiale** : la certitude absolue, ancrée au niveau émotionnel, que le monde a des contours sur lesquels on peut compter et que nous pouvons explorer toujours plus à condition que nous voulions bien nous en donner la peine.

Cette base de confiance primordiale devrait progressivement devenir assez solide pour résister aux épreuves. Dans le cas de Juliette,

il y a eu quelques autres ratés. Nous allons encore avoir à nous colleter avec ces petites ou grosses misères inévitables que nous devons bien affronter depuis notre naissance et que, dans le meilleur des cas, nous pouvons espérer adoucir pour nos enfants mais qu'il nous est, par principe, impossible de leur éviter. J'aimerais pourtant réconforter tous ceux qui regrettent que nous autres, parents, ne puissions pas protéger nos enfants de ces cruelles expériences, en leur disant ceci : supporter la souffrance, parvenir, si possible, à la surmonter et à en ressortir plus forts, telle est la condition *sine qua non* qui nous a été fixée si nous voulons acquérir **force morale et confiance en soi** !
Il ne s'agit donc pas (ce serait d'ailleurs impossible) d'éviter la souffrance ou de vouloir la faire à tout prix disparaître immédiatement, mais d'**accompagner l'enfant** au cours de ces vicissitudes en le soulageant au besoin, en tout cas **en le sécurisant**, qu'il s'agisse d'une maladie grave ou du petit mal de ventre quotidien !
Au cours de telles épreuves – le reste du temps naturellement aussi – le bébé se montre très reconnaissant quand ses besoins sont assouvis, quand, pour ainsi dire, « tout est en ordre » ; il peut alors parvenir tant bien que mal à la tranquillité et ne cause plus à ses parents d'autres difficultés. Il leur confirme au contraire en retour : « *Je sais que vous m'aimez, je le sens parfaitement !* »

Que de malentendus !

À l'inverse, si l'enfant est souvent agité, pleure, n'arrive pas à s'endormir ou se réveille en hurlant après avoir dormi un peu et que ses parents sont mobilisés vingt-quatre heures sur vingt-quatre pour tenter sans grand effet de le calmer, c'est qu'il manque quelque chose d'essentiel. Une fois exclue l'hypothèse d'une affection physique, il faudra se poser quelques questions pour éviter que la souffrance de tous les intéressés ne prenne encore plus d'ampleur :

– interprétons-nous correctement les signaux ou y a-t-il méprise quant aux désirs de notre enfant ?
– plus exactement : notre bébé aurait-il besoin de tout autre chose que ce que nous essayons justement de lui proposer ?
– si oui : comment pouvons-nous résoudre ce problème de communication ?
Rappelons-nous encore une fois les besoins du nouveau-né : les trois premiers (être porté, être bercé, entendre des sons et des voix) correspondent aux souvenirs sensoriels. Le bébé veut retrouver ce qui a si longtemps été une évidence pour lui, surtout quand il est perturbé. À l'inverse, la prise de nourriture représente un besoin élémentaire entièrement nouveau, sans le moindre caractère de familiarité. Ainsi, boire n'est pas seulement lié à un sentiment de plaisir, mais bien souvent aussi à certains désagréments, tels que les difficultés qu'il a à faire son rot, le mauvais goût qu'il a dans la bouche après un renvoi, les aigreurs d'estomac, les coliques abdominales et les flatulences.
Comment réagiriez-vous, chers lecteurs, si votre bébé était dans ce cas et devait se donner tant de mal, qu'essayeriez-vous de faire pour le soulager ?
Dans une telle situation, toutes nos observations devraient nous conduire à prendre l'enfant dans nos bras, bien serré ou emmitouflé dans un linge, de sorte qu'il puisse se blottir et se sentir soutenu, percevoir nos paroles et les doux mouvements que nous faisons et ne rien perdre de notre sérénité même si notre enfant a encore besoin d'un moment pour finir de pleurer et commencer à se sentir mieux. Car même la douleur la plus forte, le mal de ventre le plus violent, n'est pas si grave que ça ; l'enfant l'oubliera vite pourvu qu'il puisse se dire : *« Je suis ici chez moi, dans une ambiance stable, fiable et familière, que je reconnais bien ! »*
Pour certains bébés très sensibles et qu'on a du mal à consoler, il peut être miraculeux de les installer dans un landau ou un porte-bébé, et de sortir faire une promenade d'une demi-heure environ : on ne compte plus les générations de parents qui savent combien

il peut être délassant et bénéfique – avant de se laisser aller au désespoir ou à l'énervement stérile suscité parfois par un bébé qui pleure sans raison – de prendre tout simplement la tangente. Malheureusement, bien des parents réagissent tout autrement, tels ceux de Juliette : on croit souvent qu'un bébé agité ou qui pleure a faim, même s'il vient juste de prendre sa tétée et a toute raison d'être rassasié ; et, du coup, on tente à plusieurs reprises de voir si, par hasard, il n'aurait pas encore faim. Dans les conseils qu'on donne aux mères qui allaitent (voir chap. 4), on entend souvent affirmer qu'il ne faut pas hésiter à donner le sein au nourrisson dès qu'il pleure. Nous semblons, en effet, avoir du mal à admettre qu'un bébé puisse avoir d'autres besoins que celui de téter, et qu'ils puissent être plus importants que ce dernier (voir chap. 2) !

Se détendre

Si nous comparons encore une fois avec les nourrissons d'une tribu nomade, nous prenons conscience de ce qui manque aux bébés de notre monde hautement civilisé : **être partie prenante d'un grand tout vivant et immuable !**

Les scientifiques confirment d'ailleurs cette théorie : les problèmes de communication entre les bébés et leurs parents deviennent hélas de plus en plus fréquents dans notre société. Pour venir à bout de ces problèmes, il convient donc de mieux comprendre ce que désire notre interlocuteur et, inversement, de parler nous-mêmes à notre bébé dans un « langage » corporel et vocal clair et compréhensible.

Deux ans plus tard, Juliette a eu une petite sœur, Laura. Cette fois-ci, tout s'est déroulé sans problème : pas de naissance prématurée, pas de semaines d'inquiétude. Et pourtant, Laura a, elle aussi, eu mal au ventre et connu des séances de hurlements. Mais ses parents étaient désormais mieux à même d'aider leur bébé très simplement et de le calmer : ils avaient appris que les pleurs

ne signifient pas toujours « J'ai besoin de manger », mais également « J'ai besoin d'être protégé ». Ils savaient désormais que le fait de s'étirer ou de se contorsionner, de rejeter la tête en arrière ne veut pas forcément dire « J'ai besoin d'espace » ou « Je veux ma liberté », mais que Laura se calmait beaucoup plus vite et faisait preuve d'une satisfaction évidente quand on opposait une douce résistance à ses mouvements d'humeur. Si jamais elle s'agitait dans le bain ou sur la table à langer, il suffisait souvent de la tenir serrée contre son corps pour maîtriser ses mouvements d'humeur. On aurait dit que Laura parvenait ainsi à se « concentrer ». Ce qu'elle préférait, c'est quand on s'asseyait dans un fauteuil et qu'elle pouvait se pelotonner, les jambes repliées sur le ventre et sa petite tête blottie contre une épaule.
C'est bientôt devenu une habitude et son père se chargeait, le soir, de devenir pour elle un cocon protecteur : le papa avait ainsi la possibilité de se détendre, Laura prenait plaisir à ce moment de sérénité, bien tenue dans les bras, et Juliette était très heureuse que son papa ait tant de temps à consacrer à la lecture de ses livres d'images.
Les parents avaient vite compris que cela ne gênait nullement Laura que la vie de la famille continue à s'écouler à un niveau sonore normal ; elle s'endormait au contraire beaucoup plus rapidement quand on parlait, riait ou chantait autour d'elle et que se déroulait, sans aucun égard particulier pour le bébé, le rituel du coucher auquel Juliette était habituée depuis des mois : elle appréciait visiblement d'avoir le privilège d'y assister, même si elle n'y participait pas !
Voici un point important et particulièrement délicat : comment des parents peuvent-ils parvenir à offrir ce soutien à leur enfant alors qu'ils sont peut-être eux-mêmes aux prises avec toutes sortes de soucis quotidiens, de tensions professionnelles ou familiales et qu'il n'est pas question alors de parler de sang-froid ou de patience ? Il ne peut pas exister, dans ce cas, de recette miracle et il convient donc de gérer au mieux ses forces psychiques et

physiques. On ne saurait trop conseiller aux futurs parents de s'offrir, ensemble dans la mesure du possible, une préparation prénatale. Il faudrait même, une fois que le bébé est là, pouvoir se réserver chaque jour et chaque semaine des plages de temps pour soi : natation, gymnastique, relaxation, passe-temps favoris, petites promenades, sorties culturelles, lecture, etc.

Communiquer

Très importante aussi s'avère être la « culture du dialogue » des parents entre eux : quand des êtres humains sont conduits à vivre en étroite communauté et sont soudain soumis à des bouleversements (par exemple quand la famille doit s'adapter à son accroissement), on voit apparaître parmi les intéressés, nous l'avons tous observé, des agacements, des différences de perception et des divergences de point de vue. La confrontation de personnalités particulières rend ce phénomène inévitable. Heureux, donc, ceux qui savent discuter régulièrement et ont pris l'habitude d'écouter l'autre !

Voilà à quoi doivent servir les cercles de parents, tels qu'ils sont proposés par les organismes les plus divers, en dehors bien sûr de l'expérience et de l'aide concrète qu'on peut y recueillir.

Enfin (et cela ne signifie pas « en dernier lieu » !), il faut éviter de laisser se perdre les contacts avec de bons amis, particulièrement quand, avec le bébé, tout ne marche pas exactement comme on l'aurait souhaité ! Pour éviter de considérer une situation de manière trop étroite et unilatérale, il est presque toujours salutaire de parler de ses problèmes et éventuellement de partager son expérience avec d'autres jeunes parents.

Le mieux est d'aller se promener ensemble, à pied : c'est ainsi que les petits seront le moins encombrants ! C'est de plus une recette excellente dans bien d'autres situations : quand plus rien ne marche, rien ne sert de grimper aux rideaux ; mieux vaut aller faire un tour !

En résumé

Il arrive souvent, et c'est tout à fait normal et compréhensible, qu'un nouveau-né pleure et ait du mal à se calmer. Car enfin, sa naissance au monde l'a privé de son environnement familier, de sa coquille protectrice. Si les expériences dans ce « nouveau » monde le mettent en colère, ses parents n'ont pas à se culpabiliser. Et l'enfant se laissera d'autant mieux apaiser que nous aurons su à temps et de manière toujours renouvelée nous réserver quelque activité qui nous donne de l'assurance et de la sécurité ; car nous ne pouvons pas transmettre à notre enfant ce dont nous manquons nous-mêmes !

Ce qui compte le plus pour le bébé, c'est que nous essayions autant que possible de reproduire des situations analogues à celles qu'il a connues avant sa naissance : **le tenir bien serré**, jambes repliées, corps contre corps pour faciliter la transmission du rythme cardiaque, de la respiration et surtout de la voix. Car seuls ces éléments familiers et qu'il connaît depuis longtemps peuvent, quand il vient à manquer d'assurance, lui donner le sentiment d'être entre de bonnes mains.

Ajoutons-y le plus souvent possible des moments de mouvement, si possible en même temps que nous ! La marche nous réunit dans une sorte de tempo métronomique, un rythme originel commun. Le bébé va apprécier, se détendre et s'endormir, et nous allons enfin pouvoir souffler un peu : mission accomplie !

2

Un environnement familier donne confiance

Je fais la connaissance de Yann dans sa quatrième semaine, parce qu'il a toujours faim, comme le dit sa mère. Il est encore entièrement nourri au sein mais crie sans discontinuer après chaque tétée, ou presque, et plus particulièrement en fin d'après-midi et le soir. On le porte alors longuement à travers l'appartement, mais cela n'apporte que peu de soulagement, si bien que sa mère lui redonne souvent le sein au bout d'une demi-heure à peine. Finalement, il n'y a plus aucun moyen de le calmer, et c'est parti pour une séance de hurlements.

Sa mère voulait juste prendre rendez-vous par téléphone pour la prochaine consultation de routine, mais comme la première date libre était plus de quinze jours plus tard, elle a profité de son appel pour demander à mon assistante (elle-même mère) quel complément d'alimentation elle pouvait lui conseiller. Ce sur quoi elle a eu, pour le jour même, un rendez-vous entre deux consultations.

L'auscultation me révèle un bébé parfaitement sain et aux cris pleins de vitalité. Seuls un hoquet permanent et un ventre légèrement proéminent sautent aux yeux. La balance confirme une prise de poids de 700 grammes depuis la sortie de la maternité, deux semaines et demie plus tôt. J'explique à la mère de Yann que son enfant ne manque certainement de rien, mais qu'il s'évertue simplement à assimiler les quantités de nourriture qu'on lui donne. Quoi qu'il en soit, il prend beaucoup plus de poids que ce qui est considéré comme le maximum, à savoir 150 à 200 grammes par semaine.

Sa mère n'arrive pas à le croire : « Il s'empare de tout ce qu'il trouve,

se met à téter goulûment et replie de faim ses petites jambes sur son ventre ; quant à moi, je n'ai presque plus de lait ! »
Par bonheur j'en ai bientôt fini de mes consultations. Nous nous asseyons de nouveau autour d'une table pour tenter de trouver une solution.

L'exemple de Yann est caractéristique d'un très grand nombre de bébés qu'on me présente au bout de quelques semaines parce qu'il est manifeste qu'ils sont toujours affamés, qu'il est, semble-t-il, impossible de les rassasier et qu'ils peuvent alors hurler pendant des heures. Il est par la suite assez fréquent que ce « bébé hurleur » devienne un « bébé vomisseur ». Nous y reviendrons plus longuement au chapitre 5, mais pour l'instant je ne dirai que ceci : nos grand-mères avaient raison quand elles disaient sur un ton de sentence *« qu'un enfant qui vomit est un enfant qui profite ! »*. Profiter n'est pas non plus le problème de Yann, tout au contraire ! Il est évident que ses pleurs ont une autre cause, incomprise.

Pourquoi pleure-t-il ?

Quelles sont, dans l'absolu, les raisons qui peuvent pousser un bébé à pleurer si souvent et l'empêcher de trouver facilement le repos ?
– la faim ?
– la surabondance de nourriture ?
– des douleurs, par exemple des coliques ou des gaz ?
– une tentative d'assimilation de ses expériences (traumatisme de la naissance, expériences quotidiennes, etc.) ?
– la perte d'orientation, le manque de limites ?
– la perte de la sensation de soutien qu'il avait dans le ventre de sa mère ?
– le surmenage, l'excès de stimuli ?
– une ambiance enfumée ?

– la nervosité de sa mère, des tensions familiales ?
– le chaos ou un certain dérèglement dans l'emploi du temps de la famille ?
– ou tout simplement un trop-plein d'énergie ?
En un mot, un nombre effarant de possibilités. Sans compter qu'il est rare qu'il n'y ait qu'une seule cause. En règle générale, plusieurs paramètres se conjuguent pour mettre un bébé hors de lui. Par bonheur, il est inutile de prendre en considération tout l'éventail des causes possibles et il suffit le plus souvent de déterminer une ligne directrice. Les nombreuses années d'expérience qu'accumule le pédiatre le rendent modeste : un examen approfondi du bébé et une reconstitution exacte de l'histoire de sa maladie permettent rarement de répondre à toutes les questions. La seule action décisive, c'est de parvenir dans la pratique à aider le bébé et ses parents, comme cela a été le cas pour Yann.
La prise de poids fulgurante nous donnait déjà un indice. La cause de son malaise ne pouvait en aucun cas être la faim. Sa mère avait pourtant du mal à admettre cet état de fait : elle avait très clairement observé que Yann n'était visiblement pas satisfait par la tétée mais qu'il suçait avidement tout ce qui venait au contact de ses lèvres.
Ce qu'elle ne pouvait pas savoir, c'est que le réflexe de localisation et le réflexe de succion (qui font partie de ce qu'on appelle les réflexes du nouveau-né) sont largement intensifiés dans les premières semaines, ceci sous l'effet non seulement de la faim, mais également d'autres stimuli.
Ne cherchons donc pas pour l'instant à savoir quelles étaient les causes premières de ce malaise. On a observé une amélioration manifeste à partir du moment où sa mère a eu le courage de raccourcir ostensiblement les tétées et d'instaurer entre deux repas un intervalle minimum. En guise de « dédommagement » Yann a vu se multiplier les occasions de contact corporel et d'attentions, sans qu'elles soient accompagnées d'une prise de nourriture. On a bientôt constaté qu'il souffrait de moins en moins de flatulences,

qu'il était de plus en plus attentif à son entourage et plus facile à satisfaire. Et c'est sa mère qui a résumé les transformations survenues dans la remarque suivante : *« C'est comme si, maintenant, il se rendait compte que nous nous connaissons depuis longtemps ! »*

Comment l'aider ?

L'exemple de Yann nous montre, à mon avis, que nous pouvons aider notre bébé à s'y retrouver dans le fatras d'impressions et d'expériences qui l'assaillent à compter du jour de sa naissance, tout autant que nous pouvons l'en empêcher.
Yann était tellement pris et tellement épuisé par ses tétées, ses problèmes de digestion et ses pleurs qu'il n'avait plus de « sens » pour ce qui aurait pu lui apporter de la sérénité, à savoir les perceptions plus discrètes, les « indices sonores » émis par le corps de sa mère qui est, lui, tout compte fait, resté le même. Ses sens ont été les victimes des bruits de premier plan et d'une excitation vaine.
Pour échapper à un pareil dilemme ou – mieux encore – pour éviter d'y tomber, il faudrait inscrire au mur en grosses lettres une seconde devise à côté de la première *(« Soutiens-moi »)* et apprendre cette formule par cœur pour l'avoir toujours en tête :

« Aide-moi à me familiariser ! »

« Je veux reconnaître mon entourage et acquérir un sentiment de familiarité ! » Tel est le désir intime du nouveau-né que nous sommes ici appelés à combler. Et nous y arriverons d'autant mieux (et plus facilement !) que nous nous y serons préparés plus longtemps **avant** la naissance. Car on ne peut finalement reconnaître que ce qu'on connaît déjà, ce qu'on a intégré en soi. L'enfant à naître

nous adresse pour ainsi dire la prière suivante : *« Je veux pouvoir te sentir et sentir aussi ce que tu fais ! »* Plus les signaux maternels seront aisés à retenir et plus leur tracé sera net, plus il sera facile à l'enfant de les reconnaître plus tard. Cela présuppose évidemment que les signaux que le bébé reçoit de sa mère présentent au jour le jour un grand nombre de similitudes, peu de grandes ruptures et le moins de confusion possible.
Cela signifie pour la durée de la grossesse : un emploi du temps quotidien régulier, beaucoup de mouvement (et le plus souvent possible à l'extérieur), une gymnastique appropriée et le moins possible de stress, de disputes et de frictions inutiles, ce qui est au demeurant la meilleure préparation à l'accouchement ! Ne pas oublier non plus de consacrer suffisamment de temps à discuter avec son partenaire (car le son de sa voix « pénètre » aussi dans le ventre !), de caresser tendrement l'enfant à naître et de dormir suffisamment. L'enfant tirera grand profit de tout cela, il s'imprégnera profondément de sa mère et lui saura gré plus tard de pouvoir reconnaître ce qui lui est familier. En un mot, si nous profitons des possibilités prénatales de **communication non verbale** qui nous sont offertes, nous pourrons plus tard nous servir d'autant plus efficacement de cet alphabet !
Bien sûr, l'enfant se félicitera également **après** sa naissance d'un langage corporel explicite et d'un mode de vie régulier.
Heureux les bébés dont les parents ont depuis longtemps de si saines habitudes qu'ils n'ont presque pas à les ajuster à la venue de l'enfant, quand ils ont des passe-temps qui s'accordent aussi bien avec la grossesse qu'avec la vie de parent et que ces habitudes de vie sont faciles à saisir pour l'enfant !

Des plaisirs tout simples

Pour être franc, la réalité ne sera jamais aussi idéale. Et même pour Yann tout ne s'est pas passé sans heurts au début. Il avait commencé à donner des signes d'inquiétude dès la première semaine de sa vie. Ses parents n'ont compris que plus tard de quoi il manquait : il n'arrivait pas à venir à bout des changements colossaux qui étaient survenus dans le monde de ses perceptions depuis l'instant de sa naissance.

Nous revoyant au cours des jours et des semaines suivantes, nous avons peu à peu réussi à lui rendre au moins quelques bribes de son paradis perdu et à les rattacher aux souvenirs qu'il pouvait avoir de sa vie prénatale : ses parents ont appris à calmer ses mouvements d'humeur et à remplacer leur propre « mutisme timoré » et leurs expérimentations hésitantes par une sorte de « langue de bonne femme » et une « stratégie d'enveloppement » stabilisatrice. Ils ont cessé de combattre l'inquiétude qu'il éprouvait après la tétée en le portant sans but à travers l'appartement, ce qui, de toute façon, ne s'était révélé efficace qu'un temps. Au lieu de quoi, ils ont pris l'habitude de s'installer dans le fauteuil le plus confortable pour permettre à Yann de se blottir, poitrine contre poitrine, la tête appuyée sur une épaule attentionnée.

On notera ici l'efficacité particulière du quart d'heure de lecture ! Si on lui faisait la lecture d'un roman ou du journal, il se calmait très rapidement, n'avait aucun mal à faire son « rototo » et s'endormait souvent en quelques instants d'un sommeil profond et inébranlable. Cela présupposait évidemment qu'il ne se soit pas trop rempli l'estomac lors de la tétée.

Yann s'est également découvert une passion pour les promenades en landau. Et quand ces sorties pouvaient avoir lieu juste après le repas, il exprimait tout particulièrement sa gratitude par un sommeil généreux et réparateur.

Les parents de Yann ont peu à peu constaté qu'il ne s'agissait pas seulement de procurer à leur enfant tout ce dont il avait besoin, mais que tout se passait beaucoup mieux quand on prenait encore le temps de penser à soi, qu'on respectait certaines structures et certaines « séquences » établies et qu'on partait du principe que Yann arriverait bien à s'y habituer. Ce dernier faisait preuve d'une

étonnante faculté d'adaptation aussi longtemps qu'on s'en tenait au programme habituel.
On avait parfois l'impression que Yann essayait de mettre à l'épreuve la fiabilité des règles du jeu, la sécurité des bras qui le portaient. Et, même dans ces cas-là, il se calmait plus facilement quand il constatait que ses pleurs ne bouleversaient pas grand-chose, que le landau poursuivait imperturbablement sa course ou que la voix de son père continuait à vibrer dans son ventre pendant la lecture, etc.

Assurer la continuité

Voici l'exemple d'un autre bébé, apparemment inconsolable, et de sa mère, qui m'ont profondément impressionné :

Daniela avait trois semaines lorsque j'ai fait sa connaissance. Elle restait parfois éveillée des heures durant, pleurait beaucoup, n'arrivait pas à trouver un rythme dans ses repas et souffrait fréquemment de coliques abdominales. Après avoir exclu l'éventualité d'une cause organique, deux ou trois conversations entre la mère de Daniela et moi nous ont permis de trouver le fin mot de l'histoire : pour tenter de venir à bout de l'inquiétude de sa fille, je lui avais donné le simple conseil de faire quelque chose qu'elle avait toujours aimé faire, surtout pendant la grossesse. Avec pour seule condition que cette activité permette à Daniela de rester en contact corporel direct avec sa mère. Quelques jours suffirent à métamorphoser Daniela : sa mère adorait faire du sport mais elle avait considérablement réduit ses activités vers la fin de la grossesse. Seule sa gymnastique rythmique quotidienne avait continué, jusqu'à l'accouchement, à faire l'objet d'un exercice régulier, quoique sous une forme atténuée. Elle ne se le fit pas dire deux fois et reprit le jour même l'exercice qu'elle avait interrompu, à cette différence près qu'elle portait désormais son bébé dans un porte-bébé et qu'elle faisait des mouvements plus calmes et plus souples : deux minutes plus tard régnait déjà une sérénité bienfaisante !

Je ne pense pas qu'il faille s'en étonner outre mesure : car enfin Daniela recouvrait ainsi, ne fût-ce qu'une seule fois par jour, un petit bout de son paradis perdu ! Tout cadrait de nouveau : étroitement blottie contre le corps de sa mère, elle pouvait « vibrer » aux mêmes mouvements doux et ronds que sa mère, aux sons discrets d'une musique appropriée. Et elle y prenait encore plus de plaisir quand sa mère fredonnait la musique en même temps. Pourtant, dans le cas de Daniela, l'ordonnance « gymnastique » présentait encore une difficulté : il fallait éviter de flancher trop tôt, car si cela durait moins de vingt minutes on risquait de voir Daniela se réveiller et se remettre à pleurer. Sa mère a préféré considérer cela comme un avantage et sa fille comme son petit entraîneur personnel...
Je pourrais vous parler encore de la violoncelliste qui reprit à point nommé le travail de ses études ou de cette autre mère que son chien entraînait trois fois par jour dans une petite promenade à pied : ce qui semble essentiel dans tous ces cas, c'est **que la mère ait repris une activité qu'elle avait toujours exercée avec plaisir**, de sorte que le bébé pouvait se sentir comme lors de la grossesse.

Des signaux familiers

Se familiariser, reconnaître : nos bébés gagnent énormément à pouvoir amasser avant leur naissance des informations marquantes sur le rythme de vie de leur mère et ses activités habituelles. Ses informations se fixent dans leur mémoire profonde et, en fonction de leurs besoins, les enfants peuvent toujours avoir recours à ce trésor d'expériences chaque fois par exemple qu'ils se sentent submergés et déstabilisés par la trop grande profusion de nouveauté ou qu'ils sont aux prises avec les petites misères du quotidien. Dans de telles situations, il est toujours utile et efficace de les aider un peu à s'orienter, à se remémorer ce qui leur est familier, de leur indiquer la « direction de la maison ». Les bébés s'inquiètent de moins en moins, et gagnent en équilibre et en assurance quand ils ont pris l'habitude de retrouver sans difficulté ce chemin du retour dans tous les moments de leur vie. Ils se construisent un port d'attache et nous pouvons installer des phares ! Ce processus d'**introversion**, de retour sur soi, leur permettra de se reconstituer efficacement à chaque fois qu'ils en auront besoin.

Nous constatons qu'un bébé, pour pouvoir se sentir chez lui, a besoin de **signaux intelligibles et authentiques**. De plus, l'harmonie et la cohérence de ces signaux importent autant que les rapports et les ressemblances existant entre l'image que l'enfant reçoit du monde **après** sa naissance et celle qu'il en avait **avant**. Comme dans une symphonie où les divers mouvements se rapportent les uns aux autres !

Si la grossesse ne s'est pas idéalement déroulée, si la mère a dû par exemple rester alitée ou être hospitalisée, ou si le nouveau-né a d'abord dû subir un traitement en soins intensifs, peut-on permettre au bébé d'acquérir cette familiarité dont il a tant besoin ?

Oui, car nous en avons, par bonheur, un grand nombre de possibilités.

Les bébés qui ont dû commencer leur vie en surmontant de difficiles épreuves, qui ont même peut-être dû affronter des situations dans lesquelles leur vie était menacée, sont justement ceux qui font ensuite preuve de la plus grande réceptivité et de la plus grande vitalité. Cela peut bien sûr, au début, donner à leurs parents le sentiment qu'ils sont plutôt exaspérants et difficiles. Certains sont même bel et bien devenus méfiants, ce qui n'a rien d'étonnant après de si désagréables expériences !

Mais si on comprend qu'un tel enfant soit particulièrement circonspect, en lui offrant jour après jour les mêmes soins, les mêmes rituels, la même symphonie de musiques, la même sérénité inébranlable, on lui donne la possibilité de suivre un « cours intensif de familiarisation » dans un monde qu'une tempête a frappé mais qui s'avère désormais paisible et accueillant.
Au demeurant, n'oublions pas que notre bébé dispose désormais de tout l'éventail de ses sens pour s'émerveiller devant ce monde, qu'il n'est plus condamné à l'entendre seulement, mais qu'il peut aussi le voir, le sentir, le goûter, le toucher, pour faire la différence du chaud et du froid, etc. Et il va sans délai se mettre à compléter ce trésor d'expériences parcellaires, peut-être mis à mal par les pénibles circonstances de sa naissance, pour restaurer les fondements de sa confiance.

Pouvoir s'y retrouver

Pourtant, même si on ne repère pas dans son passé des événements susceptibles de le tourmenter, il n'est pas impossible qu'un bébé soit inquiet pour une raison ou pour une autre. Il « se cherche » en vain et nous fait comprendre par son comportement qu'il n'a pas vraiment réussi à se constituer un tel trésor d'expériences ou que le désarroi dans lequel il se trouve l'empêche d'y recourir. Quoi qu'il en soit, nous nous devons de ne pas rester inertes, car sa demande est la suivante : « *Aide-moi à bientôt pouvoir m'y retrouver !* »
Comme il ne sert à rien de regarder en arrière, regardons en avant : grâce à quels éléments un nouveau-né peut-il s'orienter, fixer ses sens, reconnaître ce qui se répète ? Naturellement, grâce à **ce qui reste identique** ! Ce sont toujours les mêmes mains, les mêmes mouvements, la légère pression et la tendre caresse, la même voix qui lui devient familière, le même lit, la même table à langer avec

le même mobile au-dessus. De cette manière nous dressons des jalons, indispensables à toute orientation.

Pouvoir s'y retrouver présuppose également que nous ne sous-estimions pas l'importance de **« séquences » déterminées et sûres** : le bébé va très vite apprécier de pouvoir compter sur le fait qu'après le repas vient le déshabillage, puis le change et puis peut-être certains autres rituels liés aux soins corporels, qu'en tout cas, il a encore le temps d'observer ce qui l'entoure et de s'entretenir avec sa mère. Car son visage sera bientôt pour lui le plus beau et plus attrayant spectacle et il tombera amoureux de ses traits et de sa physionomie.

Pouvoir s'y retrouver signifie aussi **comprendre l'ordre des événements**. Observons donc plus précisément le cycle d'activité d'un bébé, de son réveil jusqu'à son prochain somme. Un bébé de quelques semaines a généralement faim dès qu'il a fini de dormir et c'est la raison pour laquelle il ne tarde pas à se manifester dès qu'il est réveillé. Si nous évitons de tarder à assouvir sa faim, il va téter avec gratitude et avidité et sera bientôt repu. Et comme il vient juste de s'éveiller, il y a peu de chances qu'il se sente de nouveau fatigué après la tétée. Bien au contraire, rassasié et éveillé, il va écouter et observer ce qui l'entoure avec grand intérêt. Il va bientôt apercevoir le visage de sa mère et manifester sa joie à chaque fois qu'il lui sera permis de le voir[1]. À partir de la quatrième ou sixième semaine, il saura exprimer cette joie de manière encore plus claire par un sourire heureux et détendu. Et ce premier « sourire-réponse » dont il a été fait tant de descriptions est un événement tellement bouleversant pour les parents qu'ils ne l'oublieront jamais !

Après ce très agréable jeu de dialogue en tête à tête, après le change, les soins corporels et le rhabillage, le bébé a eu son compte d'expériences, il a envie de calme, il a besoin de « digérer » tout cela. C'est peut-être un de ces bébés qui aiment qu'on

1. Daniel et Nadia Stern, *Journal d'un bébé*, Paris, Calmann-Lévy, 1992.

les couche dans leur lit, mais c'est peut-être aussi un de ceux (et ce sont les plus nombreux !) qui préfèrent une promenade au grand air.
Lors de la consultation, je laisse toujours aux parents le soin d'opter pour le landau ou pour le porte-bébé. Mais tous deux doivent rester des « auxiliaires de mouvement » et ils perdent beaucoup de leur sens quand on les emploie à l'intérieur de l'appartement dans le seul but de calmer le bébé. Il n'est pas non plus dans l'intérêt des colonnes vertébrales parentales d'exécuter des tâches ménagères, voire certaines activités en station debout dans la cuisine, en portant le bébé dans le sac kangourou. Et alors qu'une bonne marche ne présente que des avantages, le bébé lui-même ne tirerait, en règle générale, aucun profit d'être trimbalé d'une pièce à l'autre à seule fin qu'il se calme. En effet, un tel comportement, orienté vers sa seule fin, manquerait, en quelque sorte, de sincérité : le désir ardent que l'enfant se calme risque alors d'être un obstacle à cette relaxation. Car, dans de telles conditions, les bébés peuvent mettre au point une sorte de « sommeil de veille » : ils dorment superficiellement, de façon à pouvoir s'éveiller aussitôt que le rituel d'endormissement forcé est interrompu.
Il existe également un type d'enfants qui ont encore besoin de se dépenser un peu, qui ne sauraient équilibrer leur psychisme s'ils n'ont pas l'occasion de décompresser : ils ont besoin de leur fameux « quart d'heure de hurlements » ! Et là encore, il n'y a pas à s'en faire outre mesure : acceptons cela comme une forme d'autorégulation !
S'y retrouver ne concerne pas seulement les personnes, les choses, les activités, l'espace, les séquences et l'emploi du temps quotidien, mais également **son propre tempérament**, car le bébé va bientôt maîtriser toute une palette de sentiments : attendre béatement, être surpris, être prudent et attentif ou rêver délicieusement, savourer la chaleur, la tendresse et l'amour dont on l'entoure, mais également se mettre en colère et s'énerver, avoir

du chagrin et avoir peur. De très petits nourrissons sont déjà capables de tous ces sentiments !

Savoir répondre à ses signaux

Une « fausse étiquette », un jalon posé de travers peuvent susciter un certain désarroi : un bébé qui a faim et veut qu'on lui donne le sein va être agacé par des manœuvres de diversion ou des facéties, pour finir par se mettre franchement en colère si cet agacement n'obtient pour réponse que des caresses et des baisers. Quand il est rassasié mais pas encore fatigué, il y a de fortes chances pour qu'il n'apprécie pas d'être remis au lit ; il attend plutôt au contraire qu'on se consacre à lui. Un enfant qui hurle abondamment et violemment peut littéralement en avoir « ras le bol » qu'on essaie de le calmer au sein, au biberon ou à la tétine (voir aussi chap. 6).
Quand ces signaux sont toujours négligés, quand on répond à la mauvaise humeur de l'enfant par les mêmes baisers qu'à ses avances, quand, à la prudence sceptique que lui inspire un événement inquiétant, on répond par des câlins destinés à faire diversion ou par une gaieté affectée, même un bébé doté d'une intelligence médiocre va être déstabilisé. Il va devenir ombrageux et méfiant, et il n'est pas exclu qu'il soit victime de troubles du sommeil et du comportement ou qu'il ait du mal à s'épanouir.

C'est aussi répondre à côté, quand un bébé est inquiet, que de lui coller en permanence une tétine ou de lui donner un de nos doigts à sucer ; s'il n'aime pas qu'on le change ou qu'on le baigne et qu'il se rebiffe, lui proposer quelque chose à sucer serait une véritable tromperie sur la marchandise. Mieux vaut dans ce cas achever la procédure rapidement mais sans précipitation, pour pouvoir ensuite aider le bébé à se retrouver, si tant est qu'il en ait besoin.
Plus clairement : la populaire tétine est une « aide à l'endormis-

sement » fort appréciée. Acceptons-la donc pour le moment, mais à cette fin exclusivement ! Dans ces conditions, il conviendrait qu'elle reste toujours dans le lit, à côté de l'ours en peluche. Le bébé sera heureux, quand on le couchera, de retrouver ses compagnons de sommeil et il n'aura pratiquement plus de problèmes d'endormissement. Et au lever, la tétine reste toujours, **sans exception aucune**, dans le lit !
Vous constatez avec moi que la tétine n'a pas sa place sur la table à langer ! Pas plus que le doigt à sucer : devons-nous absolument berner nos enfants en leur faisant croire que leur aversion, leur colère ou leur impatience peuvent toujours être compensées par quelque friandise ? Nous devrions à plus forte raison éviter d'utiliser un biberon d'eau ou de jus de fruit pour tranquilliser bébé inquiet ou bien le calmer lorsqu'il se met en colère, car il n'est pas exclu que cela puisse provoquer des troubles physiques et psychiques (voir chap. 5 et 6).

Les nombreuses pièces du château

S'y retrouver : un nourrisson se familiarise avec le monde un peu comme si c'était un château dont il visiterait les nombreuses pièces l'une après l'autre en tâtonnant (voir schémas 1 et 2). Pour commencer une chambre à coucher, autrement dit le « repos introspectif », et un modeste jardin attenant qui lui permet de petites balades dans le royaume des expériences : sa situation correspond encore au confinement qu'il connaissait dans le ventre de sa mère, dans lequel l'enfant à naître écoute, joue et explore, loin de rêver ou de dormir simplement (voir schéma 1). Au gré des divers stades de veille et d'activité, il s'arrête dans les diverses pièces, l'une après l'autre. À côté de la chambre à coucher il y a une salle de musique pour les aventures acoustiques, une salle de jeux, une salle à manger, une salle de mise en condition et une salle de repos.

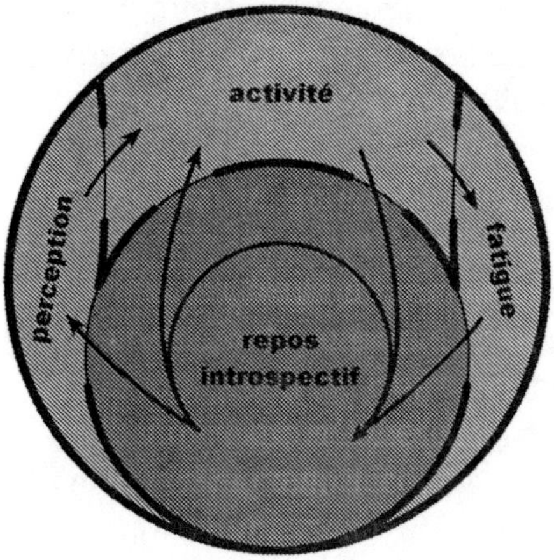

Schéma 1

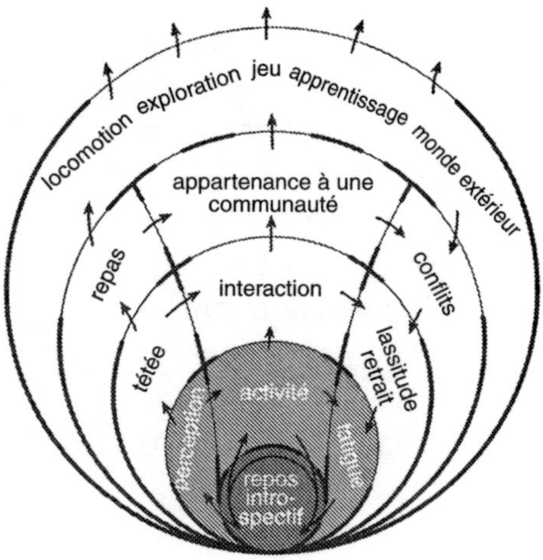

Schéma 2

Le nouveau-né (voir schéma 2) entre bientôt dans la salle à manger qui constitue une nouveauté primordiale. Mais il se retire la plupart du temps dans sa chambre douillette. Il est facile de comprendre l'importance que peuvent revêtir les jalons, les indicateurs sonores, les couleurs-guide, les seuils entre les pièces, surtout quand le chemin du retour vers le repos intérieur ne paraît pas évident à trouver. Quel pilote ne serait pas reconnaissant qu'on lui signalise de manière indiscutable la piste d'atterrissage ?
“ chaque cycle d'activité qui se répète à l'identique, le nouveau-né gagne en sûreté, s'y retrouve de mieux en mieux. Cela le rend sans tarder **ouvert à la nouveauté** : quand il se réveille après avoir bien dormi et que sa tétée l'a rassasié (sans l'assommer de fatigue !), il peut s'imprégner de ses premières impressions visuelles et autres perceptions sensorielles et établir des liens judicieux entre les diverses impressions que lui transmettent ses sens ; car il peut désormais entendre, humer, sentir, goûter et voir sa mère ! (Nous nous pencherons davantage sur ces étapes fascinantes de son évolution au chap. 3).
Le travail fatigue, qu'il s'agisse du travail physique que constitue

la tétée ou du travail intellectuel qu'exige la concentration, et le bébé a alors envie de se retrouver, il a besoin d'un endroit approprié, il veut dormir. Il est possible qu'il ait quelque peu besoin de chercher son chemin et il nous en sera d'autant plus reconnaissant, au début, pour toutes les petites aides que nous apporterons à son orientation : être bercé dans une tendre étreinte s'avère être un jalon opportun pour marquer ce chemin du retour sur soi, alors qu'une nouvelle tétée, en revanche, l'est bien moins (voir chap. 4 et 5), car il est clair que cette opération, si nous reprenons l'image du château et de ses pièces nettement distinctes les unes des autres, le conduirait de nouveau dans la salle à manger ! En outre, n'oublions pas qu'un bébé indien d'Amérique du Sud, par exemple, dort généralement sur le dos de sa mère, loin de tout souvenir du sein maternel mais dans une étreinte qui le berce doucement !

Chaque chose en son temps

Si le bébé ne parvient pas à structurer de cette manière le monde qui l'entoure, si les impressions que reçoivent ses divers sens ne cadrent pas entre elles et que les séquences se renouvellent ou se transforment sans cesse, il y a fort à parier qu'il évoluera d'une manière identique à celle de notre cas suivant :

Alban, deux ans bien sonnés, ne supporte pas d'être seul, de se passer de sa mère ne serait-ce que pour quelques minutes. Il pleure beaucoup, très fort, et on ne peut lui conserver sa bonne humeur qu'en lui proposant continuellement toutes sortes de nourritures et de boissons. Et même s'il a enfin appris à marcher il y a six mois, on est très souvent contraint de le porter dans les bras.
Sa mère supporte de moins en moins bien cet état de fait : fort de ses quinze kilos, Alban a pratiquement atteint le poids d'un enfant de trois ans ! Il ne passe pas une nuit sans réclamer deux à trois

fois sa « goutte » et sa mère est marquée physiquement par le fait qu'elle n'a pas eu une nuit complète depuis plus de deux ans.
Deux conversations détaillées m'en apprendront davantage.
Comme Alban était impossible à rassasier, sa mère l'a sevré tôt ; et comme il continuait d'être difficile à contenter, on a pris l'habitude de le laisser téter jusqu'à ce qu'il tombe d'épuisement. Quand, vers sept mois, sont arrivées les premières dents et les maladies infectieuses, il lui fallait, la nuit, jusqu'à un biberon toutes les heures.
Le soir, Alban a le droit de veiller assez longtemps, car il est inutile d'espérer qu'il trouve le sommeil tant que sa mère ne s'allonge pas avec lui dans son lit pour qu'il puisse jouer avec ses cheveux en suçotant son « bibi ».
En l'observant dans mon cabinet, je note chez Alban la réserve craintive avec laquelle il veille ombrageusement à ce que je demeure à distance respectable de lui. Sa mère confirme qu'il est également craintif dans bien d'autres circonstances. Alban reste tout le temps sur ses genoux, collé à elle comme une sangsue. D'une main il tripote son collier et ses cheveux, de l'autre il agrippe son biberon de jus de fruit dont il prend de temps à autre une gorgée. Ce qui nécessite à chaque fois l'extraction de la tétine constamment dans sa bouche et qu'on a fort prudemment accrochée à son pull-over au moyen d'une chaînette pour éviter qu'il ne la perde.
Il ne quitte même pas sa tétine pour parler et a manifestement un certain entraînement à parler la bouche pleine. Il compense son manque d'intelligibilité par un ton autoritaire et sa mère s'escrime à essayer de le comprendre et de combler ses désirs. C'est comme un langage secret qui les réunit et m'exclut. Et même lorsque, avec de violents hurlements de protestation, Alban repousse mes tentatives prudentes de rapprochement (car enfin, si sa mère me l'a amené, c'est bien pour que je l'examine !), il n'en garde pas moins la tétine vissée entre les dents. La kyrielle de baisers qu'Alban reçoit de sa mère pour qu'il s'apaise a bien du mal à le faire taire.
Pendant la consultation, qui va en rester là, Alban obtient la permission de fouiller dans le sac à main de sa mère pour y trouver

quelque chose à manger. Il en profite pour renverser quelques gouttes de jus de fruits sur le miroir du sac à main, puis dans le porte-monnaie, puis enfin sur le jeans de sa mère...

Je reconnais qu'il s'agit là d'un cas extrême de ce qu'on peut rencontrer en consultation ! C'est un exemple presque dramatique du défaut (au demeurant fréquent) de la définition des limites chez les tout petits enfants.
Nous autres, parents, avons manifestement tendance à prendre au sérieux les besoins de nos enfants dès l'instant où ceux-ci les expriment. Cela conduit par trop souvent à une **réalisation défectueuse** de la satisfaction de ces besoins, à une **satisfaction de substitution** dont les conséquences sont fatales. Ne prenons pour commencer que les baisers apaisants qui sont manifestement la dernière avance d'une pauvre mère qui poursuit pourtant un but méritoire : elle essaie d'atténuer la peur de son enfant, peut-être aussi le ridicule de la situation actuelle. Malheureusement, elle ne choisit pas le bon moyen : si bonne que soit l'intention avec laquelle elle prodigue de telles tendresses, il n'est guère imaginable qu'elle puisse convaincre ainsi son petit protégé qui a peur du grand méchant loup ; tout au contraire, pour peu que ses sens soient un tant soit peu en éveil, il va y voir une tentative de tromperie, une tactique d'« embrouillement » – ce qui est bien, en fin de compte, le but recherché par ces baisers !
Par une attitude fondamentalement hyperprotectrice, la mère d'Alban avait tendance, dans beaucoup de domaines, à dénier à son fils cette **définition des limites**. Très concrètement : dès les premiers jours, elle s'est avérée incapable de mettre un terme à la tétée, alors que son bébé était rassasié depuis longtemps. Les repas sont devenus de plus en plus longs parce qu'elle n'était jamais sûre qu'il ait suffisamment tété. Dès qu'il s'agitait, elle se demandait quelle faute elle pouvait bien avoir commise. Elle était persuadée qu'elle avait trop peu de lait ou que celui-ci était trop clair ou trop peu nourrissant, et c'est pourquoi elle l'a bientôt

nourri en plus au biberon, de sorte qu'elle a fini par ne plus avoir de lait du tout.
Mais le biberon n'a pas changé grand-chose : il n'était pas rare qu'un repas dure plus d'une demi-heure. Elle n'avait plus le temps de s'occuper de son ménage, moins encore de se consacrer à elle-même. Car même quand Alban était presque endormi, il fallait qu'il continue à tétouiller. Quand il se mettait à pleurer sur la table à langer, elle le prenait souvent dans ses bras pour « l'endormir » et parvenir ainsi à finir de le changer, ou bien elle tentait de changer la couche d'une main tandis qu'elle tenait le biberon de l'autre. Alban, quant à lui, se remettait à pleurer ou à tétouiller, tandis qu'elle le portait en déambulant dans l'appartement ; il était totalement incapable de déceler la moindre structure, ne serait-ce que parce qu'il était toujours fatigué, affamé ou inquiet : on l'avait empêché de se familiariser avec le monde qui l'entourait et de créer avec lui des liens positifs.

Sois à ce que tu fais !

Voilà le conseil que j'ai donné à la mère d'Alban, non seulement pour d'éventuelles futures consultations, mais de manière générale à toutes fins utiles. Que voulais-je dire par là ?
Par exemple, quand je change mon enfant, je veux le faire et bien le faire, la couche doit être bien en place, etc. Le faire manger en même temps n'entraînerait que de la confusion. Il vaut bien mieux, pour mon enfant et pour moi-même, qu'en dialoguant avec lui, je l'intéresse à l'activité que j'exerce actuellement avec ou pour lui. Et si je n'y arrive pas, je peux toujours lui mettre un jouet entre les mains ou espérer qu'il parviendra pendant quelques minutes à s'occuper tout seul. Au pire, il va un peu récriminer. Je pourrai alors tâcher de finir au plus vite avant de passer à l'activité suivante.
Prenons encore les « cascades de baisers » : je suis d'avis – et

j'aimerais insister là-dessus – qu'il est inévitable qu'un enfant soit victime de troubles du comportement dès lors que des gestes de tendresse sont « exploités » pour tenter d'obtenir de lui qu'il soit sage ou tout simplement qu'il s'apaise et se calme. Il en sera de même quand les baisers ne masqueront plus des intentions mais qu'ils seront au contraire donnés « par inadvertance », ce qui conduit à une véritable inflation de baisers. Tomi Ungerer a d'ailleurs fait une merveilleuse description de ce phénomène dans son livre d'images intitulé *Pas de baiser pour maman*[1].

Chaque baiser est l'expression d'un serment d'amour en modèle réduit ! Il signifie : je t'aime très, très fort ! Mais quand il est employé pour la centième fois sans la moindre emphase, sans la moindre passion, comme ça, en passant, tandis qu'on parle de la pluie et du beau temps, il perd de sa crédibilité.

Il existe aussi des parents qui aiment leurs enfants dans un *fortissimo* perpétuel, à plein régime, des parents dont les diverses manifestations d'affection envers leurs enfants ne varient ni en fréquence ni en intensité ; cette sorte de relation est aussi peu vivante qu'une voix sur un répondeur téléphonique. Elle manque de variation, elle n'offre pas à l'enfant ce *feed-back* grâce auquel il peut savoir si ce qu'il est en train de faire est plutôt bon ou plutôt mauvais.

Pour simplifier, je recommande habituellement les **trois règles d'or du baiser** :

– N'embrasse que si tu en as envie, et jamais par habitude !
– Sois d'autant plus généreux que ton enfant te fait plaisir !
– Ne te sers pas du baiser pour obtenir quelque chose !

Pour les **rituels d'endormissement** il en va de même que pour les baisers : tant que les deux parties sont satisfaites de l'état des choses, il n'y a rien à dire. Ce n'était pas le cas pour Alban : étant donné qu'il n'avait jamais montré grand enthousiasme à aller au lit, sa mère allait se coucher avec lui pour qu'il puisse s'endormir

1. Tomi Ungerer, *Pas de baiser pour maman*, Paris, École des loisirs, 1979.

plus facilement et non pas parce qu'elle avait elle-même envie de dormir. Bien au contraire : elle n'attendait que l'instant où son fils s'endormait enfin pour pouvoir se lever et accomplir quelques tâches qu'elle avait dû laisser en plan, ou pour se consacrer quelques minutes à elle-même. On ne peut s'empêcher de penser à une « entourloupette » : on trompe un peu l'enfant parce qu'on n'a pas le courage de lui dire les choses comme elles sont. On lui dénie manifestement la capacité de s'habituer aux impondérables de la vie. Or être capable de lâcher prise (voir chap. 6) fait partie des qualités indispensables à une relation vivante !

Ces entourloupes n'auraient rien de bien pendable si les enfants n'avaient pas une intuition aiguë de la tricherie, du manque d'authenticité. Et sitôt qu'ils ont compris – ce qu'ils ne tardent pas à faire ! – que leur mère ou leur père ne s'allonge pas auprès d'eux par pur plaisir de se pelotonner avec leur enfant, mais parce qu'ils poursuivent un dessein précis, **la crédibilité de cet amour parental se trouve nécessairement très affectée !** Cela peut provoquer de graves dommages quant à la stabilité émotionnelle de l'enfant et mettre en danger ses capacités futures à établir des liens solides, à construire un couple et à mener une vie de parent pleine d'amour. (Nous reviendrons davantage sur ces tromperies au chapitre 6.)

Si nous appliquons également la règle *« Sois à ce que tu fais ! »* lorsque nous prodiguons à notre bébé des soins corporels, lorsque nous le changeons ou l'habillons, cela ne peut avoir qu'une signification : nous sommes à ce que nous faisons et nous nous appliquons. **Nous mettons notre action en relation avec nos paroles**. Nous mettons en place de petits rituels qui sont bien sûr parfois susceptibles de quelques variations, car c'est seulement ainsi que notre relation peut rester vivante !

Si je ne mets pas tout mon cœur à ce que je fais et que mon attention n'est pas dirigée vers l'enfant, mais vers les informations sportives à la télévision, je ne tarderai pas à en payer l'addition ! Car changer la couche va ainsi devenir une besogne nécessaire et pénible que j'aimerais bien avoir déjà finie. Et je peux être certain que cette manière de voir les choses va déteindre sur mon enfant, pour lequel le change va bientôt devenir une torture abominable. Les pensées étrangères dans lesquelles on s'absorbe font disparaître la joie de l'instant et notre enfant devient un fardeau. Restons encore quelques instants sur la scène que nous venons d'esquisser : je change mon bébé pendant qu'en arrière-plan résonne la voix d'un animateur de télévision. À deux égards, je suis désormais « dédoublé » vis-à-vis de mon enfant : d'un côté, mes oreilles sont rivées au téléviseur et mes mains ne s'occupent de mon enfant que de façon mécanique ; d'un autre côté, les oreilles de mon enfant sont elles aussi rivées au téléviseur, car si je ne sollicite pas mon enfant du cœur et de la voix, il écoutera la voix du speaker en cherchant en vain sur mon visage les mimiques qu'il devrait pouvoir y lire. On peut considérer qu'il est déjà assez regrettable que je m'expose moi-même à cette dislocation. Mais que j'entraîne mon enfant dans cette dislocation des spécificités sensorielles, dans une sorte de « strabisme intermodal », c'est-à-dire **un dédoublement des perceptions**, peut être fatal à son développement si cela devient une habitude. Toujours est-il que c'est dans les premiers temps de la vie du nourrisson que progressent les processus de perception et d'assimilation et que la mise en relation intermodale, c'est-à-dire la mise en réseau des diverses impressions sensorielles pour en tirer une expérience et apprendre la vie, est un élément nécessaire si l'on veut que puisse s'élaborer dans le cerveau de l'enfant une représentation du monde et de ses principes de fonctionnement exploitable par lui par la suite.

Si les possibilités de perception et d'assimilation offertes à l'enfant se trouvent constamment détournées et exploitées de la manière qu'on vient de voir, l'enfant apprendra vite à refouler un de ses canaux sensoriels, un peu comme dans le cas du strabisme où seules les impressions visuelles d'un des deux yeux parviennent au cortex visuel du cerveau et sont véritablement vues, tandis que les signaux véhiculés par l'autre œil sont occultés afin d'éviter le brouillage que produirait une vision double. Ce qui a pour conséquence une persistante faiblesse de vue de l'œil en question, dont découle une incapacité à voir en trois dimensions si le strabisme n'est pas traité à temps. Tout ce qui n'est pas employé se détériore ! Et ceci ne vaut pas que pour les yeux : quand les sensations tactiles, visuelles et auditives ne coïncident pas entre elles, on observe un trouble de l'intégration sensorielle, de la capacité à « faire un tout » d'impressions sensorielles diverses. L'enfant ne perçoit plus les choses correctement, il devient incapable de développer pleinement ses dispositions intellectuelles. Donc : **Sois toi-même ! Et sois à ce que tu fais**.

Soit dit en passant : un tel strabisme intermodal peut aussi s'avérer dommageable pour l'adulte : le joggeur qui fait son jogging, son casque de baladeur sur les oreilles, s'expose plus qu'un autre à une blessure, comme me l'a confirmé un orthopédiste au terme de ses nombreuses observations !

Nous nous devons, en tant que parents du moins, d'éviter de tels dédoublements et ce, également dans des domaines autres que le déshabillage, le rhabillage et les soins corporels. On ne joue pas non plus à table ou en buvant, on ne boit pas en dormant, on ne mange pas en marchant, etc. (voir chap. 5).

Nous pouvons constater que le mot d'ordre **« Sois à ce que tu fais »** (et non à quelque autre activité parallèle !) ne vaut pas que pour les parents qui prennent leur devoir à cœur. Il sera pour l'enfant d'un grand profit dans ses diverses activités : il l'aidera à refuser d'être actif sur deux plans en même temps ! Ce qui aura pour conséquence :

– qu'il atteindra plus facilement et plus sûrement son but ;
– qu'il obtiendra un meilleur résultat ;
– qu'il se fabriquera des schémas d'action fiables ;
– qu'il acquerra davantage de compétences techniques.

Ce n'est pas sans raison qu'on attribue ce précepte à Giovanni Bosco, dit Don Bosco, ce prêtre et pédagogue qui, au milieu du

siècle dernier, a fondé à Turin un camp destiné à la réintégration sociale des jeunes en perdition. Son concept s'est avéré convaincant et a été imité par la suite dans le monde entier.
Sa recette, **une activité procure d'autant plus de plaisir et de succès qu'elle est productive et exercée en commun**, est aussi valable pour les enfants élevés dans de bonnes conditions. Et les parents qui font cette expérience s'étonnent le plus souvent de voir avec quelle rapidité cela peut occasionner beaucoup plus de satisfaction et de belles expériences !

Dis « non » quand tu penses « non » !

Reste encore un point à étudier dans ce chapitre, car il est d'une importance capitale pour la reconnaissance des structures : **dis « non » quand tu penses « non » !** C'est sur ce point-là que la mère d'Alban avait de gros problèmes. Bien qu'elle ait su pertinemment qu'il n'avait plus véritablement besoin de téter la nuit, elle continuait nuit après nuit à lui donner plusieurs fois le biberon quand Alban ne se laissait plus amadouer par sa tétine. De la même manière, sur la table à langer ou dans bien d'autres circonstances, c'est avec le biberon qu'elle le faisait taire (est-ce là ce qu'on appelle la « reconnaissance du ventre » ?). Et cette perpétuelle satisfaction orale de substitution le rendait dépendant et faible.
Je reconnais qu'il est souvent difficile de refuser quelque chose à un si petit enfant, surtout si, du coup, il se met dans une colère noire ! Mais nous ne sommes pas obligés d'exprimer ce « non » de manière aussi brusque : au lieu d'être constamment et exagérément au service de notre enfant, déterminés à combler le moindre de ses vœux, nous pouvons proposer un compromis, une alternative qui représente quelque chose d'un peu moins bien, moins confortable que ce qu'attendait l'enfant. Pour libérer Alban de sa dépendance, par exemple, sa mère ne lui a plus donné la nuit

que de l'eau dans son biberon. Il s'est bientôt rendu compte que, après tout, il préférait dormir, et les tortures nocturnes ont pu prendre fin.

En résumé

La demande *« Aide-moi à me familiariser ! »* est dans les premiers temps un élément central des désirs d'un nouveau-né à l'adresse de ses parents. Nous pouvons l'exaucer dès la grossesse **grâce à une bonne préparation à l'accouchement**, **à l'attention que nous portons à notre propre santé physique et mentale et à un emploi du temps quotidien régulier** : cela vaut la peine d'avoir de bonnes habitudes et de les conserver ! *« Je veux te sentir et sentir aussi ce que tu fais ! »* Donc : beaucoup de mouvement ! Les **activités tactiles ou auditives** qui, avant même la naissance, faisaient partie du quotidien (promenades, gymnastique, danse, monologues et conversations, chant, etc.) sont très propices à la refamiliarisation du nourrisson. Car c'est pendant la grossesse que s'amorce la communication non verbale ! Les bébés aiment les rengaines et les indicateurs sonores !
Après la naissance, nous essaierons de recréer une ambiance similaire, en procurant à notre bébé, tout particulièrement dans les trois premiers mois, un **enveloppement plein de chaleur** : en le portant souvent dans nos bras, nous lui offrons un grand espace de contact qui lui permet de percevoir notre chaleur, notre respiration et les battements de notre cœur. Notre voix elle aussi fait partie de son univers auditif. Son sens du mouvement, ou plus exactement du portage, risque, bien sûr, de nous faire pas mal marcher, mais cela ne peut que nous faire du bien ! En revanche, les mouvements d'humeur doivent être canalisés en apportant à notre enfant, dans nos bras, dans le porte-bébé ou dans le landau, le soutien dont il a besoin.
Par ailleurs, les séquences qui s'enchaînent à l'intérieur d'un cycle

d'activité sont d'une aide considérable. Un quart d'heure de hurlements n'est pas une catastrophe et la faim en est rarement la cause.
Observons le tempérament, l'humeur de notre enfant ! S'il se met en colère, les baisers apaisants ne servent absolument à rien et, en lui opposant une **résolution inébranlable et clairement exprimée**, nous l'aiderons bien plus qu'en tentant de l'apaiser. Et notre bébé aimerait bien ressentir cette résolution, physiquement sous la forme d'une voix aussi ferme qu'un roc dans la tourmente !
Le seul point important est la **constance** : un nouveau-né aspire à des perceptions immuables, à des choses qui ont lieu parce qu'elles ont toujours lieu.
« *Sois à ce que tu fais !* » Un dédoublement des impressions sensorielles nuit au développement psycho-affectif de l'enfant !
« *Sois toi-même ! Ainsi je pourrai mieux comprendre qui et comment tu es ! Et n'oublie pas de dire "non" quand tu penses "non" !*

3

Un bébé a déjà besoin d'espace et de temps pour lui

Observons le cas de Nicolas, dernier-né de la famille : il refuse de se déplacer à quatre pattes, alors que les autres enfants de son âge apprennent déjà à marcher. Mais aussi, pourquoi se donnerait-il du mal ? Il obtient de toute façon ce qu'il désire :

Nicolas, qui est né longtemps après ses deux sœurs, n'a pas tout à fait un an quand il débarque dans mon cabinet pour une visite de routine. Sa mère le porte à plat ventre sur le bras. Lorsque je m'approche pour dire bonjour, quelque chose semble l'inquiéter. Sa mère lui donne aussitôt son petit doigt recroquevillé à sucer, ce qui l'apaise effectivement pour un moment. Après une bonne conversation, j'ausculte Nicolas.

L'entretien et l'examen font apparaître, sobrement résumées, les constatations suivantes :

– nourriture inadaptée à son âge ;
– troubles chroniques du sommeil ;
– importante insuffisance de poids ;
– absence de locomotion autonome ;
– dos arrondi en station assise (cyphose).

Son visage pâle et fort peu expressif, sa bouche constamment entrouverte et la pauvreté de son babil me frappent également.

Nous examinons la situation : Nicolas est en retard dans son développement moteur, sans qu'on puisse déceler pour autant de trouble neurologique.

Une observation de détail révèle les points suivants : Nicolas se laisse souvent porter dans les bras. Dès qu'on essaie de l'installer sur sa couverture pour qu'il apprenne à se déplacer à quatre pattes, il proteste avec véhémence. Dans le meilleur des cas, il y passe un quart d'heure à jouer, mais à la seule condition qu'il puisse jouer assis. Comme il est tombé à la renverse plusieurs fois et qu'il n'a que modérément apprécié cette expérience, la couverture est très rembourrée. Il n'y passe pourtant que fort peu de temps. Car, quand sa mère ne peut pas le porter parce qu'elle est occupée à quelque autre tâche, il reste allongé près d'elle dans son petit transat. Il ne mange guère à la cuillère - sa mère le nourrit encore partiellement au sein – et matin et soir il a droit à son biberon de lait aux céréales. Pour ce qui est des tétées nocturnes, elles avaient presque cessé. Mais depuis qu'il a fait sa première dent et qu'il a eu juste après un petit rhume, il se manifeste la nuit de plus en plus souvent : en période de pointe, il réclame sa tétée presque toutes les heures. Et même à présent, à un an, Nicolas a besoin de plusieurs tétées par nuit ou doit, comme cela a été décrit plus haut, être porté à travers l'appartement.

Je suis certain qu'à la lecture du cas de Nicolas, certains éléments vous sautent aux yeux : par exemple le fait qu'à un an il soit pratiquement incapable de renoncer, ne fût-ce qu'un instant, à la présence de sa mère à ses côtés. Il ne sait manifestement rien faire de bien intéressant tout seul et a sans cesse besoin d'être diverti. Tous ses stimulis, toutes ses récréations lui sont procurées par sa mère. Et comme l'émetteur et le récepteur sont continuellement en contact, en communication permanente, Nicolas n'a que peu d'occasions de découvrir et d'expérimenter ses propres capacités.
Et cela n'est pas sans conséquences : on reconnaît généralement que, pour le développement d'un enfant, **tout progrès est rendu impossible dès lors qu'il n'y a ni expérimentation ni exercice appliqué**.

« Laisse-moi m'ennuyer »

Pour Nicolas, c'est dans le domaine du développement moteur que cela est le plus manifeste : à la différence des autres enfants du même âge, il n'a aucune envie d'expérimenter ses forces au contact du sol. Cela ne lui procure aucun plaisir parce qu'il n'a pas appris ce qu'il pourrait y faire. Il récrimine quand on essaie de l'allonger et ce n'est que quand on l'assied et qu'on lui fournit des jouets qu'il se montre provisoirement satisfait. Mais il ne tarde pas à donner de la voix pour exiger qu'on le divertisse à nouveau : le cercle vicieux !

Il préfère manifestement la station assise à la station couchée. Cela n'a en soi rien d'exceptionnel : c'est une constatation que font la plupart des parents, au plus tard quand leur bébé a quelques mois. Et on me demande souvent s'il en a déjà le droit.

Permettez-moi de faire une courte parenthèse sur ce désir de s'asseoir : observons tout d'abord toutes les leçons de motricité qu'un bébé doit prendre **avant** de savoir s'asseoir sans problème : à quatre ou cinq mois (parfois aussi à six ou sept) il semble être, pour ainsi dire, de plus en plus impatient et, couché sur le dos, il se tourne sur le côté pour avoir une perspective nouvelle ; il met de plus en plus souvent à sa bouche ses poings et tout ce qui passe à sa portée, il recommence aussi à hurler sans raison apparente ou démontre d'une autre manière sa croissante soif d'action. Il en a désormais assez, par périodes, de rester sagement couché « dans son coin ». Les éléments familiers, toujours identiques, qui formaient jusqu'à présent le fondement de sa satisfaction ne suffisent soudain plus à son bonheur. Emporté par une sorte d'appel du large, il va finir – en règle générale à un moment où personne ne l'observera – par faire un dernier et décisif effort pour se retrouver sur le ventre et lancer autour de lui un regard de jubilation. Bravo !

L'ennui rend inventif et l'invention rend heureux ! Ce principe de base décrit une des motivations essentielles et généralement recevables de notre activité. Et même les plus jeunes d'entre nous se lancent dans la vie en suivant cet adage ! Le désir de se redresser, de s'asseoir d'abord, puis de se tenir debout et enfin de marcher sur ses deux jambes est incroyablement chevillé au corps : même les plus indolents ne peuvent s'y soustraire bien longtemps et c'est un élan irrépressible qui les pousse vers la station debout.

La première étape de cette « ascension » est le **redressement de la tête**. On n'y arrive que de manière incomplète et malaisée quand on est couché sur le dos (station de départ du développement postural et moteur), mais on parvient vite à la perfection dès lors qu'on est couché sur le ventre. C'est la raison pour laquelle le nourrisson, aussitôt qu'il n'est plus submergé par la nouveauté, qu'il commence à s'ennuyer et aspire au changement, se retourne sur le ventre, entre le cinquième et le septième mois environ.

Il sera très rapidement récompensé de sa peine : levant fièrement la tête, il pourra jouir d'une vue panoramique sur son entourage et, bien entendu, de nos applaudissements approbateurs !

Mais que cela reste bien clair pour nous : cet événement n'est qu'un avant-goût de ce que seront plus tard la station assise, la station debout et la marche ; et cependant il remplit notre bébé de bonheur et lui donne l'élan dont il aura besoin pour ses prochains efforts ! Songez à la somme d'humilité et de patience que la nature exigera de lui avant qu'il y parvienne ! J'ai pour chaque enfant individuellement la plus grande admiration quand il s'élance infatigablement à l'assaut de nouvelles étapes de son développement et je partage sa joie quand il en sort victorieux !

Or, il arrive malheureusement que l'on parasite cette interaction entre l'effort et la récompense, ou même qu'on l'inhibe.

Bien des parents sont incapables d'attendre avec sérénité de voir ce que leur enfant va inventer pour venir à bout de l'ennui qui l'accable et faire preuve de créativité. Ils trouvent « insoutenable » de voir ce petit être se donner un mal de chien et n'ont rien de plus pressé que d'essayer de lui prêter main-forte à l'aide de propositions qu'ils renouvellent sans cesse : ou bien on repasse en intégralité le programme d'apaisement, ou bien on fait en sorte qu'il puisse vivre quelque chose de nouveau mais qu'il serait incapable d'obtenir sans aide. Ainsi l'installe-t-on en position assise, ce qui constitue une des formes les plus fréquentes de corruption par la gâterie auxquelles soit exposé le nourrisson.

Les essais d'apaisement – au moyen d'un biberon, d'une tétine, en faisant téter l'enfant toutes les heures, en lui donnant son doigt à sucer tandis qu'on le promène à travers la pièce (voir Nicolas !) ou en le berçant – vont avoir de moins en moins de succès. À nous de reconnaître qu'il ne s'agit pas là, comme aux chapitres 1 et 2, d'un manque de nourriture ou de protection, mais bien plutôt d'un **manque d'espace**, d'une **trop grande exiguïté de son champ d'activité**, qui empêche notre enfant de conquérir pas à pas le petit bout d'indépendance dont il a besoin.

S'il est vrai que, dans les premiers temps, notre premier devoir en tant que parent est d'offrir du soutien à notre enfant, cela ne doit pas pour autant bloquer son développement. Les starting-blocks donnent aux pieds du coureur l'appui nécessaire tout en le laissant entièrement libre dès qu'il s'élance. Et le moindre chewing-gum remettrait en cause sa performance, tout autant que s'il était forcé d'effectuer son départ dans de la boue !

Pour ce qui est du comportement de Nicolas envers la nourriture, il s'est produit exactement le même phénomène que dans son développement moteur : accepter de manger à la cuillère présuppose évidemment une certaine disponibilité d'esprit propice à **accepter les changements**, à ne pas renoncer dès le premier échec, mais à s'accrocher patiemment jusqu'à ce que cette nouvelle technique, insolite au début, soit bien au point. Mais si nous ne lui donnons pas l'occasion d'essayer, notre enfant n'aura jamais

la possibilité de se confronter à quelque chose de neuf et d'intéressant ni d'y éprouver ses forces.
Quant au plaisir qu'on peut éprouver à recevoir une nourriture variée et qui joue, avec l'expérience de la communauté à la table familiale (voir chap. 4), un rôle essentiel dans l'élaboration d'un comportement sain envers la nourriture, Nicolas en a été privé trop longtemps. L'absence de prise de poids n'était pas seulement le symptôme manifeste de ce qu'il n'avait pas élaboré un rapport à la nourriture conforme à son âge. Mais le fait qu'il ait été nourri jusqu'à l'âge d'un an de la même manière que dans les premiers mois a empêché que se développent ses aspirations dans le domaine de la nourriture. Il y avait eu cafouillage sur la route qui mène « du sein au pain ».
Reprenons donc nos petits aide-mémoire et ajoutons-y la troisième devise :

« Laisse-moi un espace de liberté pour mes découvertes ! »

À peine un enfant a-t-il trouvé un appui sûr, à peine se sent-il en sécurité et s'est-il familiarisé avec lui-même et avec le monde qui l'entoure, qu'il s'ouvre à la nouveauté, devient curieux et désireux de quitter le port pour partir faire des découvertes. Laissons-lui-en l'occasion ! Il la saisira avec d'autant plus de résolution qu'il saura retrouver sans problème le chemin du retour (voir chap. 2).
Le **chemin du progrès** est ainsi considérablement facilité par le fait qu'on puisse retrouver « les yeux fermés » le **chemin du retour**. Mais l'inverse est tout aussi valable : ce n'est que s'il vit pleinement sa soif de découverte et la mise à l'épreuve de ses compétences qu'un enfant pourra également trouver l'équilibre et le repos (c'est ce que nous examinerons au chap. 8). Ce progrès

et ce retour s'impliquent donc l'un l'autre. Nous reviendrons sur ce point au cours de ce chapitre.

Les vertus de l'effort

Arrêtons-nous quelques instants sur les applications de notre nouvelle devise dans le domaine du **développement locomoteur** : La soif d'action que chaque bébé porte en germe s'exprime souvent, comme je l'ai déjà dit, dans la tentative de redressement de la tête en station couchée sur le dos. En outre, bien des bébés sont manifestement plus satisfaits quand on les assied dans leur fauteuil, dans un coin du canapé (attention : ceci présente de gros risques d'accidents !), dans la poussette, dans un harnais sauteur ou dans ce qu'on appelle un trotteur (tous instruments très propices aux accidents !). Bien des parents attentifs concluent de ces observations que le temps est désormais venu d'aider leur enfant, car « il a vraiment envie de s'asseoir ».
Ces parents sont très prévenants, mais leur bienveillante assistance va justement empêcher leur bébé de satisfaire sa soif d'action, de prendre conscience de ce qu'il a en lui et, en fin de compte, d'essayer de s'asseoir ! Il sera, pour ainsi dire, « porté au but » sans avoir eu le moindre effort à faire pour cela.
Ce phénomène se manifeste de la manière la plus évidente quand le bébé est assis dans le trotteur que nous avons évoqué plus haut. C'est ce que font beaucoup trop de parents, et hélas bien souvent dès le cinquième ou sixième mois, ce qui constitue, du point de vue du développement comportemental et neurologique, orthopédique et kinésithérapeutique, une véritable hérésie ! Il n'est pas rare qu'il s'agisse là d'un cadeau que les grands-parents font, sans mauvaise intention, à leur petit-enfant à sa naissance. Et, comme de bien entendu, au bout de quatre matins – l'être humain résiste d'autant plus mal à la tentation qu'il est plus jeune ! – voilà notre apprenti adulte au volant de sa Ferrari ; et c'est parti : c'est beau-

coup plus amusant de conduire que d'aller à pied, surtout quand on ne sait pas !
Par anticipation, on prive l'enfant de deux étapes de son développement en lui offrant tout cuit le fruit d'un travail : d'une part, il n'a pas d'effort à fournir pour apprendre à s'asseoir ; d'autre part, il peut ainsi se tenir déjà debout et « fourrer son nez » dans tous les coins de l'appartement, ce qui est un effroyable privilège pour un enfant de six mois à peine ! À quoi bon se donner la peine infamante de ramper : on n'a jamais du monde que la vision d'un ver de terre !
À y regarder de plus près, il en va de même, dans une moindre mesure toutefois, quand on aide son enfant à apprendre à marcher en le tenant par la main – il aime tellement ça ! – ou qu'il préfère se mettre debout en s'accrochant à nos basques plutôt qu'en se tenant aux pieds des meubles : il essaie ainsi de jouir par anticipation du statut de « grand » sans avoir personnellement besoin de faire attention aux complications ; il peut se tenir debout et marcher **sans avoir besoin d'en prendre la responsabilité** : il nous la délègue bien volontiers !
Il est intéressant de constater que ce sont presque toujours ces enfants qui, quand ils trébuchent ou éprouvent la moindre frayeur, réagissent comme de vraies chochottes, hurlant et pleurnichant, avec, dans la voix, une nuance de reproche qu'il est difficile de ne pas reconnaître.
Non : quand notre enfant nous demande « *Laisse-moi un espace de liberté pour mes découvertes !* », cela ne signifie pas qu'il faut lui ouvrir des domaines d'expérience dont l'heure, dans la séquence des étapes de son développement, n'est pas encore venue et dont il viendra spontanément à bout quelques mois plus tard, quand ce sera le moment !
Je reconnais qu'il est confortable – et partant très tentant – de laisser les conquêtes du monde moderne, ces auxiliaires de la station debout et de la locomotion, pénétrer dans notre vie dès le berceau. Cependant, au lieu du **lent processus d'acquisition**

de la sécurité des mouvements et de la confiance en soi, elles font naître en nous un sentiment de **satisfaction immédiate**. Réfléchissons : quels risquent d'être les conséquences d'une telle attitude sur les dispositions futures de l'enfant face à l'apprentissage scolaire, sur sa capacité à prendre des responsabilités ou à prendre une part active au destin de la société ? Sans parler des conséquences qu'auront à en subir l'enfant lui-même, l'image qu'il se fait de lui-même, sa force morale : c'est, pour qui cherche à effectuer une véritable prévention précoce des toxicomanies, un des moments de la vie où se décident des choses essentielles pour l'enfant !

Mais laissons là ces visions par trop vagues et qui risquent de donner le cafard aux parents pleins d'espoir et attachons plutôt notre attention à la présence quotidienne. Car cette complaisance parentale a des répercussions très concrètes sur le comportement de l'enfant et son rapport à ses parents : l'enfant ne connaît dans de telles conditions aucun succès véritable qui puisse le satisfaire, il est confronté jour après jour aux marques de son inaptitude et se rend compte que ses parents sont manifestement les seuls à pouvoir combattre l'ennui toujours croissant qui l'accable. Or ces derniers y parviennent de moins en moins souvent, parce que le niveau des exigences de leur enfant croît constamment et que, malgré leurs soins toujours plus assidus (la complaisance servile fait facilement augmenter les doses !), leur « potentiel de divertissement » diminue petit à petit, comme celui d'un film qu'on a vu trop souvent.

Le bébé est de moins en moins satisfait de ses obséquieux « courtisans » – et encore moins de lui-même. Il a un fort sentiment d'être incapable de quoi que ce soit, de sorte qu'il se limite bientôt à atteler ses parents à quelque tâche et à les dominer : le petit tyran n'est rien que le pitoyable prisonnier de parents qui se sont soumis à ses volontés !

C'est ainsi, nous le constatons, que se referme inexorablement sur l'enfant le cercle vicieux qui le rend **incapable de se débrouiller**

par lui-même, et chaque jour un peu plus dépendant de ses parents. Tout aussi inexorables vont bientôt devenir les directives pleurnichardes par lesquelles l'enfant fait marcher ses parents à la baguette ! Cela peut encore être charmant au début et il se peut que certains parents y réagissent avec libéralité et dévouement. Mais arrive bientôt le jour où l'enfant ne fait plus que taper sur les nerfs : ce jour-là, ces derniers sont à vif et seule une dose colossale d'abnégation permettrait d'en supporter davantage. Nous reviendrons plus amplement sur ces sortes de mensonges envers nous-mêmes et envers notre enfant au chapitre 7.

Retournons au problème de Nicolas, à son manque d'assurance qui est la cause première du ralentissement de sa croissance : on conçoit sans problème, je suppose, qu'un bébé ne puisse pas acquérir en temps voulu la maîtrise de son corps quand on ne lui laisse pas suffisamment d'espace de liberté pour expérimenter et s'exercer à loisir ; comment expliquer en revanche que Nicolas réagisse de manière aussi manifestement craintive, qu'il babille si peu et qu'il ait si souvent l'air épuisé et presque indifférent ? Est-ce également lié au fait qu'on lui laisse si peu de champ libre ?

Évidemment, ce n'est pas la seule raison. Un casse-cou téméraire de naissance ne va pas se laisser transformer en poule mouillée et, inversement, un froussard ne va pas « muter » dans son sommeil en un héros sans peur et sans reproche. Il n'en reste pas moins que nous avons, en tant que parents, une influence certaine sur les traits de caractère de notre enfant. Un bébé gagne plus facilement en courage et en audace quand il peut sentir s'accroître ses forces et ses compétences et que, du coup, il se sent moins désemparé dans les situations d'effort. Et quand, vers six mois environ, il passe et repasse sans arrêt les kyrielles de sons qu'il a à sa disposition, qu'il apprend à exprimer son humeur – bonne ou mauvaise – en changeant de ton, que, couché sur sa couverture, il découvre ses pieds, qui deviennent ses compagnons de jeu, et ses mains, qui offrent à sa bouche l'occasion de lécher et de mordre, et qu'enfin ses mains montrent à ses yeux ce qu'elles ont

déjà appris à « saisir », nous commençons à comprendre l'importance élémentaire de cette phase d'exploration que constitue la découverte de son propre corps et des capacités fonctionnelles qu'il recèle.
Faut-il donc laisser son bébé lécher et sucer ses doigts ? Oui, autant qu'il le désire, à condition que ce soient **les siens** ! Car eux seuls l'informent en retour de la sensation que cela procure et sont à toute heure à son entière disposition. Le succès de cette exploration présuppose toutefois une certaine tranquillité, pour ne pas dire un certain isolement ! Chacun sait bien que les grands artistes créent généralement leurs plus grands chefs-d'œuvre dans la solitude !
Permettez-moi de reprendre un instant l'image du château aux nombreuses pièces (voir chap. 2), dans lequel notre petite princesse ou notre petit prince a vu le jour et qu'il ou elle commence presque instantanément à explorer et à organiser. Comme nous l'avons vu, il est bon que ce château soit pourvu d'écriteaux indiquant le chemin du retour vers les pièces depuis longtemps familières dans lesquelles l'enfant peut se reposer et se retrouver. Mais il est tout aussi important qu'il y ait des pièces qui l'incitent à **exprimer sa créativité** ; et, là encore, il y en aura dans lesquelles il pourra faire l'expérience de l'activité en commun et d'autres, en revanche, à la découverte desquelles il devra s'élancer tout seul, en pionnier, chaque fois qu'il aura besoin de « changer de décor ». Rien ne nous interdit de penser qu'en s'évadant vers ces contrées nouvelles, il ressent une satisfaction identique à celle du navigateur qui gagne le large. Et la fierté justifiée qu'il retirera de ses découvertes et de ses acquisitions, quand il pourra les présenter à ceux qui lui sont chers, est une expérience délectable qu'en tant que parents nous nous devons de lui concéder en faisant preuve de réserve en temps opportun. Nos enfants reviendront toujours assez tôt vers nous, si besoin est, à l'aide des sémaphores familiers que nous avons contribué à construire !

Les bénéfices de la gymnastique au sol

Sur sa couverture – et bientôt même à côté – s'accomplissent beaucoup de « miracles » :
- préhension et compréhension ;
- évaluation des directions et des distances ;
- expérience des matières ;
- établissement d'échelles et notion de quantité ;
- discernement du corps et sens de l'équilibre ;
- gymnastique et entraînement physique athlétique ;

sans compter l'immense répertoire des soli chantés ou récités que l'enfant répète et dont il accompagne et commente tout ce qu'il vit.

Ensuite vient le temps des brèves escapades, puis des longs voyages d'exploration ! Et tout cela lui procure une formation incroyable, car **la gymnastique au sol, c'est la santé**. Le **corps** se fortifie, ses mouvements s'adoucissent et s'affermissent, les mains s'assurent. L'enfant fait aussi des progrès sur le plan psychique : confiance en soi et assurance, force morale et énergie sont loin d'être des qualités que nous recevons en partage à notre naissance et sur lesquelles nous n'avons aucune influence ! Ces exercices influencent enfin favorablement son **développement intellectuel** : l'enfant détermine lui-même de plus en plus fréquemment l'angle sous lequel, la position depuis laquelle et la station dans laquelle il veut observer l'espace qui l'entoure, ainsi que les objets mêmes de son observation, bien entendu. Tout ce que saisissent ses yeux, ses oreilles, sa bouche, ses mains et ses pieds est de moins en moins le fruit du hasard.

Mettons-nous une fois encore dans la peau du bébé qui se tourne sur le côté et retrouve la balle de mousse qui lui a échappé quelques instants auparavant : il va joyeusement saluer cette vieille connaissance, éprouver sa nouvelle acquisition des mains et de la bouche, peut-être même de la plante de ses pieds nus, et jouer un peu avec elle. Ses sens, qu'il a entraînés en position couchée sur le dos et qu'il a étroitement mis en relation les uns avec les autres, deviennent **multimodaux**, c'est-à-dire que plusieurs sens sont simultanément mis en œuvre relativement à un seul objet, dans une seule situation, et chacune de ces toujours plus vastes expéditions en chambre devient une leçon pleine d'enseignement et de contrastes.

Non, ce n'est pas une simple excursion panoramique où le visiteur suit d'un œil distrait le spectacle qui défile derrière la vitre de l'autocar ! C'est plutôt comme une exposition où l'on pourrait toucher, où on peut non seulement admirer, mais aussi saisir (dans toutes les acceptions du terme) ; les diverses impressions sont comparées entre elles. Ce qu'on apprend ainsi se grave de manière bien plus indélébile, parce que les contenus caractéristiques des diverses perceptions sensorielles produisent un résultat global rationnel. On se débrouille plus facilement ! Le monde obtient, aux yeux de l'enfant, une **structure plausible**.

En clair : quand je parle ici des avantages de la marche à quatre pattes, j'envisage globalement un développement spécifique du comportement moteur postural de l'enfant. Cela signifie essentiellement que l'enfant apprend progressivement à se redresser et à se mouvoir sans aide extérieure. Certains nourrissons, une fois qu'ils savent retourner, rouler sur le côté pour amorcer un mouvement de locomotion, passent de l'état de quadrupède à la station assise, puis se hissent en position debout et commencent à marcher sans avoir fait l'expérience de la marche à quatre pattes. Il n'en subiront aucun préjudice. L'essentiel reste que **l'enfant puisse faire tout seul l'acquisition de la station debout et de la déambulation** !

Ce développement doit avoir lieu **au sol**, et ce pour plusieurs raisons. Pourquoi pas sur le lit des parents ? Ma qualité de pédiatre me conduit à expliquer pourquoi un lit ne constitue pas un espace de liberté approprié. Mes réticences portent sur au moins trois domaines : développement du comportement moteur, prévention des accidents et psychologie du développement.

Développement du comportement moteur : le support est trop mou, l'enfant a plus de mal à se rouler sur le côté (même une sphère parfaite roule plus facilement sur un sol lisse) et quand il finit par y arriver, ses efforts se soldent bien souvent par une chute violente (c'est pourquoi je parlais de prévention des accidents !). Pourquoi cela se produit-il si souvent ? Pourquoi cela advient-il même aux parents responsables, qui veillent pourtant toujours à ce que rien de fâcheux ne se produise ? Eh bien, tant que ses parents sont près de lui, l'enfant attend d'eux – et à bon droit – qu'ils lui apportent appui et divertissement. Il est donc très vraisemblable qu'il ne cherchera pas à se retourner en leur présence. Il ne le fera (avec, fatalement, une chute à la clé) que dès qu'ils auront tourné le dos un instant ! Et comme il attend de ses parents qu'ils le protègent aussi des dangers qui le guettent, l'enfant sera ainsi profondément déçu.

Il lui manque donc un instant d'ennui pour avoir envie de bouger ; et s'il advient que l'enfant éprouve cet ennui malgré la présence de sa personne de référence, c'est elle qu'il tiendra pour responsable de cet état de fait et qu'il exhortera, sur un ton d'injonction qui ne laisse pas l'ombre d'un doute, à lui fournir davantage d'animation, selon le principe : « *Fais donc quelque chose ; tu vois bien que je m'ennuie !* » (justification de l'ordre de la psychologie du développement).

A propos des petits transats, fauteuils à bascule et autres sauteurs je ne dirai que ceci : pour les trajets en voiture (à propos, une petite question en passant : combien d'heures votre enfant passe-t-il en voiture par semaine ?), on conviendra facilement que des raisons de sécurité exigent l'utilisation d'un système de fixation infaillible. Mais c'est exactement le contraire que nous entreprenons quand il s'agit d'offrir des espaces de liberté à notre enfant ! À la maison, le mot d'ordre doit donc être : « *Fi de tous ces auxi-*

liaires de la station assise ! » Ils représentent, si on y place souvent l'enfant, une entrave à sa motricité autonome et ils lui donnent de mauvaises habitudes : car il n'a plus besoin de fournir le moindre effort pour avoir le privilège de se trouver assis. Ce qui le rend indolent et exigeant : le bébé « assis » se rebellera toujours plus contre l'odieuse destitution (!) dont il se sentira victime quand nous voudrons le remettre dans son lit.

Autant donc commencer par agir correctement, à savoir en prenant l'habitude de **coucher** nos nourrissons sur leur couverture, par terre, dès qu'ils manifestent le désir de découvrir leur environnement ! Ils peuvent y rouler et ramper, s'y étirer et s'y étendre à leur guise, il ne leur arrivera rien, sinon de devenir chaque jour un peu plus forts, plus dégourdis et plus astucieux.

Les lattes du plancher sont comme les planches d'un théâtre ! Et c'est sur ces planches que nos enfants sont appelés à faire les petits et les grands pas de leur développement, d'une démarche droite et assurée. À nous de veiller à ce qu'ils puissent sortir de cette « école du sol » bardés de bons diplômes !

Comparons encore les situations du bébé « quadrupède », de l'enfant porté et, enfin, de l'enfant au trotteur.

Le **bébé qui marche à quatre pattes**, comme nous l'avons vu, part de lui-même à l'aventure dès lors qu'il a envie de changement et cette envie viendra au moment voulu pour peu que l'enfant ait intégré, pour ainsi dire appris par cœur les étapes précédentes. Son mot d'ordre est alors : *« En route vers de nouveaux rivages ! »* La curiosité est le moteur de ses efforts qui sont récompensés par le succès que constituent la maîtrise de nouveaux savoir-faire et la compréhension des relations entre les choses.

L'**enfant porté** des peuples primitifs est en contact permanent avec le corps de sa mère et participe à toutes ses activités. Chez les nomades (et tous nos ancêtres étaient des nomades), la constante pérégrination donne au bébé le sentiment de ne pas être abandonné. C'est une sorte de locomotion passive, involontaire et qui ne se laisse aucunement influencer par les envies passagères du petit dernier de la caravane. Ce dernier n'obtiendra que plus tard la possibilité de mesurer ses forces, d'agir selon son initiative propre et il y a fort à parier qu'au terme de cette longue limitation de ses mouvements, il ne tardera pas à le faire ! Et qu'en est-il du **chauffeur de trotteur** ? Il a reçu là une jolie petite voiture de sport et, sans s'être donné le mal d'apprendre laborieusement à se tenir debout, le voilà déjà qui s'élance à tombeau ouvert, sans se soucier des infimes beautés qui bordent sa route : des pinces à linge tombées à terre, le mouchoir de sa sœur, la balle qui lui a échappé quelque temps auparavant. Il ne prend pas le temps d'apprécier, il est déjà loin, la tête pleine d'impressions, d'empreintes visuelles non comprises, car il n'a pas eu le temps de comprendre, de saisir. Le lien entre ses différentes perceptions sensorielles, l'intégration sensorielle intermodale s'en trouvent affectés.

Permettre le progrès et protéger le repli

Nous le constatons, la question n'est pas tant de savoir combien d'espace de liberté doit être réservé à la soif de découvertes de notre enfant, ni quand cela doit avoir lieu ; la réponse dépend de la situation de vie réelle dans laquelle évoluent l'enfant et sa famille, ainsi que de la culture à laquelle ils appartiennent. Il s'agit plutôt de veiller à ce que :

– ce processus se produise par étapes et dans l'ordre voulu ;

– la charrue ne passe pas avant les bœufs, c'est-à-dire que l'aspiration de l'enfant à la station debout commence au ras du sol ;

– les phénomènes conjoints à cette ascension ne soient pas escamotés, sous prétexte qu'ils peuvent être pesants ou désagréables. Car ceci est pour l'enfant le seul moyen d'apprendre à **évaluer, affiner et parachever ses compétences**, le seul moyen d'**acqué-**

rir de la confiance en soi[1], le seul moyen d'**apprendre à supporter les revers** et toutes les situations où les choses n'évoluent pas exactement comme il l'aurait voulu !
On dit habituellement que les premières années de la vie nous apprennent à apprendre, c'est-à-dire à acquérir des techniques et des stratégies fondamentales auxquelles nous recourrons tout le reste de notre existence[2].

Nicolas n'avait que très rarement l'occasion de faire cette expérience du travail dans la joie. La plupart du temps, sa mère croyait de son devoir de s'occuper de lui et de le porter dans ses bras. Avec l'assistance d'une psychothérapeute, il a pourtant réussi à rattraper son retard avant la fin de sa deuxième année. Nicolas, tout comme sa mère, s'en est trouvé ravi et sa maîtrise physique, ses capacités d'élocution et ses fonctions sensorielles, portées par la découverte de ce nouveau plaisir, ont rapidement rejoint ce qu'on considère comme la norme. Seule son anxiété a subsisté quelque temps encore.

Ces réactions anxieuses devant des situations pourtant banales constituent un problème largement répandu. Les causes les plus fréquentes en sont :
– un déficit du sentiment de soutien (éventuellement aussi chez ses parents, voir chap. 1) : l'enfant, qui cherche refuge et protection, ne les obtient qu'en quantité insuffisante et il a peur ;
– trop peu d'espace de liberté pour éprouver et développer sa propre force, son endurance ainsi qu'une conscience réaliste du danger ;
– plus souvent encore, l'enfant n'a pas appris à faire clairement la différence entre les deux voies qui s'ouvrent devant lui, ce qui conduit à un « déficit de polarité », de démarcation entre progresser et se replier.

1. Chantal de Truchis-Leneveu, *L'éveil de votre enfant. Pour un bébé actif et détendu*, Paris, Albin Michel, 1996.
2. Jean Piaget, *La psychologie de l'enfant*, Paris, PUF, 1976.

Car ces deux voies que sont le **progrès** et le **repli** ne doivent **en aucun cas** être empruntées en même temps ! Cela peut paraître évident, mais l'expérience prouve qu'il n'en est rien.

Sandrine, deux ans et demi, est complètement retournée chaque fois qu'elle vient en consultation. Dès que sa mère s'engage dans la rue où se trouve mon cabinet, la voilà qui panique et se met à hurler. Et pourtant, elle n'a pas plus de raisons pour cela que n'importe quel autre enfant : elle n'a vécu aucune situation traumatique qui puisse expliquer sa peur du docteur.
Comme sa mère me le rapporte, elle n'a pas non plus, en temps ordinaire, un tempérament conquérant ; sur le terrain de jeux, par exemple, elle n'ose aller jouer avec les autres enfants que pendue aux basques de sa mère. Quand ses grands-parents ou des amis de la famille viennent en visite, elle commence par aller se cacher dans son lit. Elle ne viendra éventuellement que plus tard se joindre à la compagnie, munie de sa tétine, de son doudou et de son biberon de jus de fruit, et à la condition absolue que sa mère ou son père la prenne sur les genoux.
Il m'arrive parfois de rencontrer Sandrine avec sa mère, en promenade : elle se laisse véhiculer en poussette la plus grande partie du temps, sa tétine est comme vissée à ses lèvres et, dans une sorte de support fort pratique, elle a un biberon pour ainsi dire constamment à portée de main. Dans le filet suspendu à la poussette se trouvent des quartiers de pomme, des barres au lait et au chocolat et autres friandises.
Les rencontres qu'elle fait sur le terrain de jeux ne plaisant que modérément à son enfant, la mère fait généralement un large détour pour éviter cet endroit. Peut-être aussi parce que les conversations qu'elle-même peut avoir avec les autres mères, ces Mesdames Je-sais-tout, lui tapent sur les nerfs.
En outre, la famille entière souffre d'un manque de sommeil chronique. Le rituel du coucher dure chaque soir presque deux heures, passées à lire des histoires, chanter des chansons et apporter à

Sandrine un énième biberon. Sa mère doit se coucher près d'elle afin que la petite puisse fourrer ses doigts dans ses cheveux et ses oreilles. Sandrine n'a encore jamais dormi toute une nuit sans interruption.

Essayons tous d'abord de comprendre en quoi consiste le casse-tête dont sont victimes Sandrine et ses parents :
- abattement, tempérament anxieux, réactions de panique ;
- troubles du comportement social ;
- usage manifeste et par trop automatique de « tranquillisants » ;
- troubles du sommeil exaspérants.

Sandrine n'est pas capable de faire face avec sang-froid aux situations qui se présentent à elle dès lors qu'elle a le sentiment que ces situations pourraient l'accabler. Cette attitude anxieuse d'attente s'exacerbe et culmine jusqu'à la panique chaque fois que Sandrine constate qu'elle n'a pas d'échappatoire. Cela ne vaut pas que pour les consultations chez le médecin, mais aussi lors des visites de ses grands-parents, bien qu'elle n'ait été victime, de leur part, d'aucune expérience fâcheuse.

Cette anxiété isole Sandrine des autres enfants de son âge, l'empêche de se lier peu à peu d'amitié avec eux et, au gré des exercices et des expériences positives, de perdre progressivement sa timidité.

Cet isolement est encore accentué par les promenades en poussette équipée des signes distinctifs de l'âge du nourrisson que Sandrine devrait normalement avoir passé depuis longtemps : on la promène en position semi-allongée comme si elle ne pouvait pas marcher, ce qui renforce certes son sens du bien-être, mais pas son désir de marcher. Elle fait littéralement preuve d'inertie, refuse pratiquement de faire le moindre pas.

Elle manifeste aussi une grande « inertie de langage » : la tétine qui ne quitte pas sa bouche entrave son élocution et, si tant est qu'elle veuille dire quelque chose, la compréhension de ses interlocuteurs. Dans sa poussette, elle tourne le dos à sa mère qui la pousse et n'a avec elle que très peu de contact visuel, de sorte qu'il leur est même impossible de communiquer par gestes : pas de sourires, pas de clins d'œil. Sandrine ne peut pas lire dans les yeux de sa mère ce qu'elle pense des personnes qu'elles rencontrent en chemin, si elle se méfie du chien ou le juge tout à fait inoffensif. Et le biberon « tranquillisant » toujours à portée de main rend cette inertie absolument parfaite.

Voyager en toute sécurité

Que se passe-t-il ici ? Un espace de liberté qui pourrait être l'occasion de nouvelles découvertes, d'un voyage d'exploration est détourné de sa fonction originelle et se voit transformé en retour dans la coquille. Pour l'exprimer sous forme d'image, elle est comme un escargot qui sortirait de sa coquille et y retournerait dans le même mouvement ! Sandrine n'est pas seulement privée de la possibilité de toucher directement de ses mains le monde qui défile auprès de sa poussette, de jouer avec les petites trouvailles qu'elle pourrait faire en chemin, d'accumuler et de disperser mille petits cailloux, bouts de bois, feuilles ou brindilles. Lors de cette promenade panoramique en habitacle fermé, Sandrine n'a même pas le plaisir d'entendre la voix encourageante et les chaleureuses explications de l'accompagnatrice ! Au lieu de cela, elle a ses tranquillisants de substitution à portée de main ; d'un autre côté, pas de questions, car la jeune voyageuse est vouée au silence, *bâillonnée* – quel mot effroyable !

Tout cela est bien triste : Sandrine est privée du vivifiant mouvement de va-et-vient entre :

– vouloir expérimenter et en avoir assez de ses expériences ;

– s'élancer hardiment et se replier prudemment, poursuivre sa course et flâner en chemin ;

– aller de l'avant et retourner vers sa mère ;

– travailler tout seul et être en compagnie.

Il existe une infinité de « systèmes bipolaires » de ce genre et qui

aime à vivre avec les enfants et à les observer pourra s'amuser à compléter cette liste ! Cette oscillation dynamique entre « dehors » et « dedans » doit devenir aussi familière que la respiration ; toute autre attitude ne serait qu'une crispation, une sorte d'asthme !
Si les enfants ne s'entraînent pas à acquérir une pratique souveraine de ces contraires, ils n'arriveront jamais à voler de leurs propres ailes. À la différence de ce qui se passe dans le règne animal, où l'on voit qu'il y a des petits qui préfèrent rester au nid et d'autres qui n'aspirent qu'à s'en envoler, le lot du « petit d'homme » est de quitter souvent le nid et de faire d'audacieux vols de reconnaissance, avant de revenir au nid pour y régénérer ses forces et son courage en vue de nouvelles envolées.
Qui n'apprend pas cela est condamné à manquer d'« épaisseur » et à rester à l'étroit toute sa vie : car **les peurs viennent de ce sentiment d'exiguïté** !
C'est aussi de là que venait la peur des rencontres qu'éprouvait Sandrine, quand elle les estimait inévitables. Comment ne pas s'étonner de ce que, n'arrivant pas à passer de l'activité du jour à l'inactivité de la nuit, elle ait cherché à éterniser le rituel du soir ? Un enfant qui souffre de troubles du sommeil a peur des problèmes dont il n'est pas parvenu à venir à bout, car le sommeil est toujours une séparation et dire « Bonne nuit » est une façon de prendre congé, mais nous reviendrons plus tard sur ce sujet (voir chap. 6).
Un naturel anxieux peut inhiber l'activité de l'enfant, le coincer et le priver de son insouciance enfantine, surtout lorsque les parents, anxieux eux-mêmes, ne parviennent pas à juguler leur propres craintes. Il s'ensuit un stupide cercle vicieux : des parents anxieux vont tout spécialement essayer de protéger un enfant angoissé qui recherche désespérément cette protection, sans pour autant que leur enfant trouve quelque crédibilité dans leurs encouragements ! Et plus ils s'appliquent à essayer de le protéger, plus il éprouve d'angoisse – et le tempérament anxieux qu'il manifeste dans toutes les circonstances de sa vie n'est pas près de

disparaître. C'est aussi la raison pour laquelle il est indispensable que les parents s'attachent à chercher pour eux-mêmes des sources de soutien (voir chap. 1).

En résumé

– Dès qu'il a trouvé son soutien, un enfant **aspire à de nouveaux rivages**, ce qui le rendra d'autant plus courageux et lui promettra d'autant plus de succès qu'il saura parfaitement retrouver **le chemin du retour en soi**.
– Notre rôle de parent n'est donc pas seulement d'aider l'enfant à trouver un soutien, mais aussi de lui **offrir des espaces de liberté** – et c'est au moins aussi important ! Cela signifie que, pour **sortir** de sa coquille protectrice, l'enfant doit provisoirement l'abandonner pour avoir plus tard envie d'y retourner, pour vouloir rentrer à la maison.
– Épargnons-lui donc nos sempiternelles prévenances protectrices, même pendant les promenades ! Et si notre poussin se sent l'envie et la force de délaisser, un instant et à titre d'expérience, sa mère et son nid, laissons-le faire. Accompagnons ses premiers essais de vol avec sang-froid et n'intervenons que quand il a véritablement besoin de nous !
– Important : évitons-lui le déchirement d'un grand écart entre « dedans » et « dehors » ! Personne ne saurait partir joyeusement à l'aventure tout en restant en même temps à la maison ! La tentative déjà tient du délire, fait perdre toute confiance en soi et remplit d'angoisse, ce qui n'est véritablement pas nécessaire !
« Laisse-moi suffisamment d'espace de liberté pour que je puisse découvrir le monde et me découvrir moi-même ! Je t'en supplie, ne m'en empêche pas ! »

4

Être admis dans une communauté est un objectif essentiel

Mon téléphone sonne. Il est deux heures du matin. Arthur, dix-huit mois, cadet de deux enfants, vient de vomir. Du propre aveu de sa mère il n'a, en dehors de cela, pas l'air malade. En tout cas, il n'a ni fièvre, ni diarrhée. Je l'entends d'ailleurs qui babille joyeusement derrière sa mère. Comme d'habitude je demande des précisions sur ce qu'il a régurgité : « Ce qu'il avait mangé ! » me répond sa mère. Et qu'avait-il mangé ? Après quelques tergiversations, je peux enfin me faire une idée assez précise de la situation : comme, depuis quelques jours, il fait des difficultés au moment des repas, il a eu, en fin d'après-midi, la permission de manger un kiwi, puis plus tard un petit yaourt aux fruits, plus tard encore une demi-tranche de jambon d'York (il a fait cadeau du pain à sa grande sœur !) avec un verre de chocolat au lait.
Le lendemain matin, nous nous voyons en consultation : Arthur est de nouveau en pleine forme, il a bien dormi le reste de la nuit. Mais cela ne tranquillise pas totalement sa mère : elle s'inquiète beaucoup au sujet du comportement alimentaire de son fils. Ce n'est le plus souvent qu'au prix d'épuisantes diversions qu'on réussit à lui faire avaler le strict minimum. Et, ces derniers temps, il lui est arrivé plusieurs fois de vomir comme cela, sans raison apparente.
Matin et soir, il a droit à son « biberon de chocolat », 250 millilitres. à chaque fois, à midi un petit pot de légumes mélangés, étant précisé toutefois qu'il ne supporte que les produits d'une certaine marque. Il n'en mange au demeurant que quelques cuillerées et sa sœur s'octroie le reste en rentrant de la maternelle.

Et comme il ne mange pas trop bien, on le laisse choisir ce dont il a envie : quand il fait les courses avec sa mère, il a droit à un petit pain ; entre les repas, on lui donne des biscuits à la cuiller ou des fruits au sirop, des barres au lait et au chocolat ou un yaourt aux fruits.
J'ajouterai que l'auscultation et l'examen d'Arthur n'ont révélé aucune affection manifeste. Seules les selles, qu'on m'a fait parvenir plus tard, étaient très dures.

J'ai expliqué à la mère d'Arthur que son fils souffrait de troubles du comportement alimentaire et que, pour les traiter, nous allions être obligés de modifier quelques petites choses. Ces troubles venaient manifestement de ce qu'il ne prenait pratiquement rien lors des repas réguliers en famille et recevait, parallèlement, quantité de friandises entre les repas. Il refusait catégoriquement la nourriture que préparait sa mère.

Faire table commune

Et il pouvait bien y renoncer : à vrai dire, on s'obstinait à renforcer son comportement alimentaire et, en refusant de lui imposer les mets ordinaires qui servaient de base à l'alimentation de tous, on soulignait encore son rôle particulier au sein de la famille. Il avait ainsi tout loisir de préférer des nourritures meilleures, plus raffinées.
Sa mère a été très surprise d'apprendre qu'un bébé entre cinq et huit mois manifeste le plus grand intérêt pour ce qu'ingurgitent sa mère et les autres adultes. Si, dans cette phase sensible, on lui fournit régulièrement l'occasion de satisfaire la convoitise de ses yeux, de sa bouche et de ses mains en chipant des bouts de nourriture dans l'assiette de sa mère, il est fort probable que son enthousiasme croîtra de jour en jour.
Était-il déjà trop tard pour Arthur ? Fort heureusement non, car il est une règle d'or en matière de puériculture : **il n'est presque**

jamais trop tard ! Il n'en reste pas moins que manquer le meilleur moment peut compliquer considérablement la suite du processus. Nous sommes convenus de quatre repas quotidiens. Entre les repas, Arthur avait le choix de boire de l'eau ou de la tisane et de manger des quartiers de pomme ou un bout de carotte – à table, bien entendu. Pour les repas aussi nous avons mis au point quelques trucs taillés sur mesure. J'ai dû au demeurant investir tous mes talents de persuasion dans cette opération, car je n'avais pas seulement contre moi les expériences que la mère d'Arthur avait faites avec son fils dans les mois précédents, j'avais également deux grand-mères qui voyaient déjà leur petit-fils mourir d'inanition et qui ont réagi avec emportement à mes « mesures draconiennes ».
Mais ça a marché. Malgré tous les obstacles Arthur, sa mère et moi avons remporté la victoire :

Du jour au lendemain Arthur n'a plus reçu au lever qu'un gobelet d'eau. La porte de sa chambre étant restée ouverte, il pouvait parfaitement entendre que sa mère et sa sœur préparaient joyeusement le petit déjeuner.
Après deux jours sans biberon de cacao, Arthur commence à s'intéresser au petit déjeuner des « grands ». Timidement d'abord, puis de plus en plus résolument, il se fait sa place à la table commune. Sa sœur ne va pas tarder à devoir protéger son bol de céréales contre les razzias de son petit frère ! À la grande joie de leur mère, ils en viennent presque à se disputer la nourriture !

Mais laissez-moi vous présenter un autre cas, dans lequel la situation n'est différente qu'en apparence :

C'est le soir de la Saint-Sylvestre, vers vingt-trois heures trente. Je suis de garde. Laurence, vingt mois, est victime d'une soudaine crise de vomissements et de diarrhée. Les vomissements ont cessé au bout de quelques heures, mais la diarrhée persiste sans faiblir, bien que

Laurence n'absorbe plus aucune nourriture. Son affaiblissement croissant et le danger latent de déshydratation laissent envisager une hospitalisation.
Lors de ma visite à domicile, je trouve, assise sur le canapé, une Laurence éreintée et légèrement fiévreuse. En dehors des parents de Laurence, il y a là un grand nombre d'autres adultes : car enfin, on s'apprêtait à fêter ensemble le nouvel an. Bonjour l'ambiance !
Laurence est effectivement déjà en état de déshydratation avancée. Et comme elle ne boit absolument rien, s'oppose même à toutes les tentatives pour lui introduire une tétine entre les lèvres, il ne reste apparemment plus d'autre recours que l'hospitalisation en service de pédiatrie. Je remplis l'ordre d'hospitalisation tandis que les aiguilles de la pendule trottent inexorablement vers minuit.
« Restez encore un moment, docteur, il n'y en a plus que pour cinq minutes ! » me dit mon hôte en me tendant une coupe de champagne. Quelques instants passent encore, nous échangeons quelques propos quand sonnent les douze coups de minuit. On trinque en formulant les vœux d'usage et, au moment où tous les invités portent la coupe à leurs lèvres, le miracle s'accomplit : Laurence, que nous avions oubliée quelques instants, tend sa menotte dans un geste qui ne laisse aucune équivoque et dit très clairement : « Boire aussi ! »
On apporte vite une nouvelle coupe qu'on remplit d'eau minérale. Et, partagés entre le soulagement et l'incrédulité, les parents de Laurence voient leur fille vider sa coupe à petites gorgées prudentes. Dehors, les fusées du feu d'artifice saluent à grand bruit la nouvelle année.

Le cycle était bel et bien rompu. Le lendemain matin, Laurence allait déjà mieux. Ses parents ont longtemps conservé l'ordre d'hospitalisation, en souvenir de cette Saint-Sylvestre mémorable. Que s'était-il passé ? Tant qu'elle s'était sentie obligée de boire, Laurence avait énergiquement refusé. Plus ses parents se donnaient du mal (ils avaient eu recours à plusieurs biberons et à son gobelet favori, essayé de mélanger à son eau un peu de sirop ou

de jus de fruit, allumé la radio pour créer une diversion), plus Laurence mettait de vigueur à résister. Ce n'est que quand les adultes n'ont plus fait attention à elle et se sont consacrés à leurs propres occupations que Laurence a découvert ce qui l'intéressait vraiment : elle voulait **boire avec les autres** et ce, juste au moment où ils buvaient tous et étaient en passe de l'oublier !
Nous pouvons donc formuler une quatrième devise :

« Laisse-moi participer ! »

Si différents que puissent paraître, à première vue, les cas d'Arthur et de Laurence, ils ont au moins un point commun : Arthur et Laurence **étaient forcés** d'absorber quelque chose et tous deux ont violemment regimbé. Et il n'est vraiment pas exceptionnel de voir des enfants faire preuve d'un apparent entêtement conduisant à des situations dramatiques qui peuvent mettre en danger leur propre santé. Quand les parents sont sous pression, angoissés par l'affection dont est victime leur enfant, et qu'ils transmettent cette tension à leur enfant, il y a fort à parier qu'ils n'atteindront pas le but qu'ils se proposent.
Si vous avez l'absolue conviction que votre enfant doit manger ou boire tel ou tel aliment qui contribuera à sa santé ou à sa guérison, la voie directe est rarement celle qui mène effectivement au but. Au contraire : il est souvent plus facile, malgré tout notre souci, de laisser au petit patient suffisamment de champ pour ressentir lui-même l'envie de manger ou de boire. Autrement dit : il doit commencer par ressentir que quelque chose lui « échappe », manque à son bien-être.
Par bonheur, ce mécanisme dure rarement longtemps : on peut presque toujours attendre sans crainte qu'il se produise. Il suffit d'être capable de lâcher prise au bon moment !

Arthur, comme Laurence, s'est rendu compte qu'il avait mieux à faire et a cessé la grève. L'un et l'autre ont pu découvrir à temps où résidait leur véritable intérêt et ressentir leurs propres faim et soif, une fois qu'ont été suspendues les déterminations externes (*« Mange un morceau ! » « Bois un peu, s'il te plaît ! »*) et que l'« autorégulation » déterminée par l'enfant lui-même (*« Je veux manger ou boire quelque chose maintenant : comment puis-je me le procurer ? »*) a pu se mettre en œuvre. Les déterminations externes peuvent conduire les enfants à mener une résistance acharnée, et pas seulement au cours de la phase caractéristique d'opposition !

Mieux vaut, évidemment, que l'enfant ne soit pas obligé d'en arriver là : sa faim ou sa soif lui feront tout naturellement chercher la compagnie des grands. Car il sait qu'à horaire fixe, il pourra (espérons-le !) y trouver ce qu'il cherche : il n'aura qu'à se mettre à table !

Les inconvénients du libre-service

Nous avons constaté la nocivité d'un excès de déterminations externes, mais peut-il y avoir excès d'autodétermination ?

Oui ! Il existe des petits enfants qui, alors qu'ils savent à peine marcher, vont au réfrigérateur, se servent à leur guise de biscuits et de charcuterie et reçoivent même parfois quelques compliments pleins de reconnaissance (*« Il est malin : il sait déjà où se trouvent les bouteilles de vin blanc ! »*). Je me demande s'il est véritablement possible qu'un « autoravitailleur » précoce de ce genre ait jamais quelque plaisir à la cuisine de ses parents. Peut-il éprouver la curiosité d'apprendre à distinguer les arômes qui, lourds de promesses, traversent l'appartement sur le coup de midi ? Peut-il avoir envie d'observer de tous ses yeux la confection du repas et le dressage de la table ? Peut-il devenir un joyeux convive ? Il y a peu de chances !

Résumons donc, pour ce qui nous intéresse ici, le problème que constituent détermination externe et autodétermination : *« Je me sens parfaitement heureux quand je peux déterminer moi-même si j'ai faim ou soif et si j'ai envie de manger à la table des grands ! Je laisse les grands décider de l'heure du repas et du menu, parce qu'ils ont plus d'expérience que moi. Et cette règle prend d'autant plus d'importance quand je suis malade ! »*
Nous sommes donc de nouveau amenés à constater que, comme cela est souvent le cas avec les enfants, la plupart des problèmes se résolvent quasiment d'eux-mêmes, à condition d'avoir nous-mêmes de « bonnes habitudes », car « les pique-assiette ont toujours un bon coup de fourchette ! ».
Mais il n'y a pas que la permission de se servir librement au réfrigérateur ou de passer librement commande lors des courses qui puisse véritablement couper l'appétit de nos enfants ; leur proposer trop souvent des aliments ou même les supplier de manger ou de boire peuvent avoir les mêmes conséquences. L'appétit désigne littéralement l'aspiration à quelque chose ; et qui pourrait sérieusement aspirer à quelque chose qu'on lui propose constamment en lui donnant l'impression qu'on cherche à le lui « refiler » à tout prix ?
Laissons donc tomber ces procédés et faisons confiance à l'effet magnétique des fréquentes et régulières rencontres d'une joyeuse tablée !

Des repas « en famille »

On ne saurait trop estimer l'importance de cette **communauté de table**. On en voit les effets dans les familles nombreuses (il y en a encore !), ainsi que dans les crèches bien administrées, les foyers pour enfants et autres institutions du même genre : les troubles du comportement alimentaire y sont pratiquement inconnus. Et

même Arthur et sa sœur ont presque fini par se disputer la nourriture.
Nous ne risquerons guère, comme cela a été de cas de ces deux mères, de manquer la phase sensible de l'apprentissage de la communauté de table si nous disposons des deux qualités suivantes : le **don d'observation** et une certaine dose d'**amour de soi**. Car si l'enfant se rend compte que sa mère mange elle-même avec appétit, il ne tardera pas à vouloir manger avec elle. Il va l'imiter et ouvrir la bouche à l'approche d'un morceau de nourriture et protester quand on ne lui donnera rien.
Chaque mère élevant son troisième enfant pourra confirmer cette thèse : quand on a plusieurs enfants, il est pratiquement inévitable que le petit dernier se manifeste et veuille grimper sur les genoux de ses parents dès lors que ses aînés passent à table. Et le reste se fera tout seul : le petit dernier cherchera de plus en plus régulièrement à être présent et règlera son temps de sommeil sur les horaires des repas. Car enfin, il est beaucoup plus intéressant de gagner sa pitance à la force de son charme que de recevoir la becquée tout seul dans son coin et de n'avoir qu'à ouvrir le bec à l'approche de la cuillère.
Et qu'en est-il des parents isolés avec un enfant unique ? La seule différence notable est la suivante : la tablée, vers laquelle le bébé pourrait se sentir attiré, ne se constitue pas automatiquement. Il faut donc qu'en tant que parent, je manifeste pour les repas un intérêt encore plus évident. Car c'est moins le nombre des convives que le sentiment de convivialité qui rend la tablée attractive : voilà quelqu'un qui s'offre du bon temps à table, j'aimerais bien me joindre à lui !
Si le « convive morose » a près de deux ou trois ans (comme Arthur, par exemple !), il est presque toujours d'un grand secours de souligner encore davantage à ses yeux la convivialité de la tablée :
– bien sûr, il est indispensable qu'il ait faim à l'heure du repas ; finis donc les coupe-faim une heure avant !

– il a la permission d'aider à dresser joliment la table (car on mange aussi avec les yeux) ;
– il ne reçoit dans son assiette que de petites portions, composées toutefois de tous les aliments servis à table ; on évite ainsi qu'il prenne l'habitude de trier les mets qu'on lui propose ;
– s'il veut une assiettée de plus, c'est avec plaisir !

Mais le principe primordial reste de ne pas oublier que c'est pour nous-mêmes que nous servons ce repas et que nous ne faisons au bébé que la faveur de lui permettre d'y prendre part !

Dans de nombreuses familles, c'est à l'occasion du dîner que le bébé fera connaissance avec le repas en famille : on n'a pas besoin de réfléchir bien longtemps pour savoir s'il a le droit de manger ceci ou cela. Chaque bébé est capable dès l'âge de huit ou neuf mois de saisir et de manger de petits bouts de pain avec un peu de fromage, du fromage blanc ou du jambon cuit, qu'il ait déjà ou non des quenottes.

J'ai eu l'occasion de vivre la scène suivante, chez des amis :

Mélanie, trois ans, est assise sur sa chaise haute et reçoit la becquée à la cuillère. Au menu, de la semoule avec de la compote de pommes. Mélanie ne manifeste pas grand intérêt pour son repas ; elle joue avec des figurines Playmobil et sa mère doit sans arrêt la rappeler à l'ordre pour qu'elle ouvre la bouche et n'oublie pas d'avaler. Le lecteur de cassettes lui raconte l'histoire du Roi-Grenouille.

Son petit frère Paul, dix mois, est assis dans un coin. Il a vidé à moitié son biberon de lait aux céréales et s'applique maintenant à badigeonner le reste sur le plancher. Sa mère, énervée, lui retire le biberon des mains, il proteste en hurlant, mais elle le fait taire en lui fourrant la tétine dans la bouche ; puis elle retourne en soupirant vers Mélanie qui tripatouille dans sa semoule.

Une semaine – et une courte discussion – plus tard, le repas léger du soir n'a plus du tout la même allure : la mère et ses deux enfants sont tous trois assis à table et mangent de concert des tartines de pain et de petits cubes de fromage, avec quelques tomates à l'estra-

gon. Comme boisson, de la tisane aromatisée aux fruits. Une fois les dents brossées, il reste encore suffisamment de temps pour la lecture d'une belle histoire avant de s'endormir.

Vous connaissez ce Paul ? Cela ne m'étonne pas, car ils sont légion, les enfants qui finissent par se lasser de leur biberon et il est fort probable que vous en ayez déjà rencontré un. À la vérité, quand un enfant vous provoque manifestement en jouant avec sa nourriture ou sa boisson, c'est presque toujours un signe de lassitude ou de saturation. Dans un tel cas, il cherche par son comportement à nous dire : « *Je m'ennuie, assis tout seul dans mon coin, et j'en ai assez de mon biberon alors que les autres ont droit à tout plein de choses meilleures et surtout plus variées !* »
Paul avait raison : il protestait à sa manière contre cette différence de traitement. Sa mère n'a pris conscience qu'après coup du fait qu'en lui donnant le biberon, elle cherchait principalement à le faire tenir tranquille. Ce qui est parfaitement compréhensible ; car une journée passée à s'occuper de deux enfants en bas âge a de quoi vous épuiser ! Simplement, les méthodes précédemment mises en œuvre pour apaiser Paul ne fonctionnent plus. Les nouvelles méthodes ne marchent que mieux !

Éviter de lui « clouer le bec »

Les satisfactions orales telles que tétine ou biberon ont bien souvent pour but de faire en sorte que l'enfant se calme, de lui « clouer le bec » pour qu'il ne nous tape plus sur les nerfs. Hélas, les enfants qu'on cherche à calmer ainsi tapent plus fort, plus souvent et de plus en plus sur les nerfs,
– parce qu'ils savent par expérience qu'ils peuvent de cette manière obtenir l'attention qu'ils recherchent (mais est-ce bien là ce qu'ils veulent ?) ;
– parce que cette situation les rend toujours plus insatisfaits ; car

enfin, ils avaient quelque chose à nous dire et ils n'ont pas pu y arriver !

Paul voulait en tout cas dire à sa mère qu'il avait suffisamment été un nourrisson et qu'il avait désormais envie de faire partie de la troupe ! Et sa joie a été à la mesure de son aspiration, une fois qu'il a eu atteint son but !

Le **désir de faire partie d'un groupe**, et ce principalement à table, est d'une importance capitale, d'une part pour le comportement alimentaire et partant, pour l'acquisition d'une certaine robustesse physique, d'autre part pour le comportement social de l'enfant, troisièmement pour l'ambiance familiale, et en fin de compte pour savoir si cuisiner fait encore plaisir. J'aimerais encore une fois faire la liste de tous les obstacles que nous pouvons jeter en travers de son chemin :

– trop de détermination externe contrarie l'autorégulation ;

– trop d'autodétermination trop précoce rend exigeant et présomptueux ;

– proposer trop souvent des aliments ou supplier de manger ou de boire risque de nuire à l'appétit, et plus encore tous les en-cas servis entre les repas (nous y reviendrons plus tard !) ;

– ne pas faire l'expérience de la **communauté de table** risque en outre de porter préjudice à l'évolution du comportement social de l'enfant ;

– trop d'outils destinés à « clouer le bec » sont éminemment suspects ; ils ressemblent beaucoup à des satisfactions de substitution, peuvent contribuer au développement de toxicomanies et sont des entraves au développement de la communication et de la confiance en soi ;

– trop de grignotage ; pouvons-nous véritablement espérer, si nous ne cuisinons pas et que nous nourrissons principalement nos enfants de fast-foods, de petits en-cas, de yogourts à boire et autres « douceurs », qu'ils apprennent un jour la valeur des aliments de base ? Voici une règle facile à appliquer : les sucreries et autres tentations ne feront leur apparition qu'**après** un « honnête » repas

– car nous tous, petits ou grands, sommes susceptibles de succomber à la tentation ! Ce n'est pas pour rien si ce qui s'appelle dessert est sucré ! Sans ces bonnes habitudes, rien ne va plus...
À cette liste des causes des problèmes de nutrition il faut également ajouter le très célèbre verre de lait du matin : si certains enfants semblent ne pas en pâtir, pour la plupart d'entre eux, ce petit déjeuner uniquement composé d'un verre de lait, d'un « bol de chocolat », etc. fait l'effet d'un efficace coupe-faim. Et ce, naturellement, surtout si on le sert dans un biberon, voire au lit. Cela part sans doute d'un bon sentiment, mais, si on va au bout du raisonnement, cela peut signifier pour l'enfant : *« Ne t'avise surtout pas de venir nous déranger pendant que nous sommes à table ! »*

Appartenir et participer

J'éprouve le plus grand respect pour les parents qui arrivent à éviter ces écueils ou à se corriger à temps, comme cela a été le cas pour la mère de Paul ; ce dernier n'a pas tardé à exprimer la joie que lui procurait cette nouvelle appartenance. Car l'ancienne manière de faire partie de la famille n'était plus adaptée à l'âge de Paul. Il était désormais trop grand, il était sorti de cette période. Il avait remarqué que se déroulaient beaucoup de choses en son absence, notamment des péripéties passionnantes comme les repas à table en famille. Il se sentait exclu.
Se **développer** signifie peu ou prou **changer de peau**, muer – comme une chenille : la vieille peau devient trop étroite et finit par éclater. Comme un enfant s'éveille progressivement au cours de ces premiers mois, il est continuellement appelé à constater que les grands ont toujours au moins une petite mesure d'avance sur lui – ce qui l'exclut ; et il ne lâchera pas prise avant d'avoir franchi avec succès l'obstacle qu'il vient de découvrir.
Devenir partie intégrante d'une nouvelle communauté : voilà bien

le besoin essentiel de l'enfant qui va mettre toute son opiniâtreté à revendiquer la place qui lui revient[1].

Je pense qu'il ne serait pas inutile de nous remémorer la manière dont, dans les premières semaines de sa vie, le bébé éprouve de tels sentiments de communauté, oui, la joie de ses premiers **sentiments d'appartenance**, avant de conquérir son siège dans la communauté de table :

– le nouveau-né, comme nous l'avons vu au chapitre 1, n'aura pas de plus pressant désir que de retrouver une ambiance émotive qui lui rappelle sa vie prénatale : il n'est pas de sentiment d'appartenance plus intense que de se sentir enserré, d'être l'un des éléments d'un grand tout vivant ;

– à un mois environ, le bébé entre généralement dans une nouvelle phase de son développement : il aime qu'on lui parle d'une voix douce après qu'il a pris son repas, il regarde autour de lui et découvre le visage de sa mère. Et bientôt s'établit entre eux un dialogue toujours plus vivant et qui prend une place indéfectible dans leur vie commune – ce qui est d'autant plus agréable qu'on a le ventre plein. Sans cet échange spirituel, sans la perception sensitive de l'autre, la mère comme l'enfant passerait à côté de quelque chose d'essentiel au développement du sentiment d'attachement !

D'autres besoins que la faim

On me présente le petit Guillaume, sept semaines, en consultation pour une histoire de coliques abdominales et de crises de colère ininterrompues. Il a souvent le hoquet ou des gaz, vomit parfois. L'auscultation révèle que Guillaume ne manque de rien, sinon qu'il présente une légère mycose dans la bouche (muguet) et sur le siège. Et la balance confirme mon appréhension : le bébé a pratiquement pris 400 grammes par semaine.

1. Rudolf Dreikurs et Vicki Soltz, *Le défi de l'enfant*, Paris, Laffont, 1971.

J'interroge ses parents et apprends bientôt que Guillaume fait souvent de longues pauses pendant la tétée et s'endort presque, de sorte qu'on le change après le premier sein. Cela le ranime un peu, mais il n'en est que plus vaseux devant le second sein sur lequel il s'endort profondément.
On a tout juste le temps de le déposer dans son berceau qu'il s'éveille en pleurant très fort, parfois même on n'a pas le temps de le coucher. On lui redonne alors le sein, ce qui ne fait généralement que l'embrouiller plus encore. Il faut alors le plus souvent le promener longuement dans l'appartement ; tantôt il somnole, tantôt il s'agite, scrutant des yeux les environs et remuant les jambes. Il n'est jamais véritablement stable.
Il n'est pas rare qu'il ne ferme pas l'œil entre deux repas. Il devient alors quasiment insupportable : trop fatigué pour téter, trop affamé pour dormir. C'est à désespérer !

Nous discutons, et nous mettons d'accord sur quelques changements à apporter à cette situation. Désormais :
– Guillaume reçoit le sein aussi vite que possible quand il se manifeste. Mais à une condition : un laps de temps suffisant entre deux tétées, au moins deux heures et demie ;
– pendant la tétée, sa mère surveille attentivement le rythme et l'intensité de sa succion, autrement dit l'envie de téter de Guillaume ;
– aux premiers signes de fatigue ou de satiété (vraisemblablement au bout de quatre ou cinq minutes !), elle le prend dans ses bras pour lui faire faire son rot et lui faire reprendre des forces. Mais cette petite pause ne doit pas durer plus de trois minutes ;
– on reprend la tétée. Cette fois, on arrête dès que Guillaume cesse de téter avec entrain. Sa mère lui parle un peu pendant ce temps et essaie d'éviter le mouvement soporifique de bercement qui était déjà devenu une habitude ;
– au lieu de cela, elle le complimente sur ses jolis grands yeux éveillés, le félicite pour ce qu'il vient de faire, etc. ;
– après cela, on change Guillaume et, en fonction de l'heure de

la journée, on part faire une petite promenade. Guillaume n'a le droit de s'endormir qu'à partir de ce moment-là.
Nous nous revoyons quelques semaines plus tard. Je n'ai pas à poser beaucoup de questions : au dire de sa mère, Guillaume est formidable ! Il arrive souvent qu'il ne veuille pas du second sein [1] tant il a du plaisir à converser avec sa mère ; son visage prend des expressions différentes selon ce qu'on lui raconte ; il rit ou roucoule des « areu » ou « gueu-reu » ; il dort plus et plus longtemps qu'avant.
Guillaume lui aussi, j'en suis persuadé, trouve sa maman formidable. Je ne peux pas m'empêcher de le lui dire. Car les bébés de l'âge de Guillaume n'hésitent pas une minute et tombent instantanément amoureux de leur mère quand ils la découvrent une fois que leurs sens se sont éveillés. Bien évidemment, cela ne peut avoir lieu qu'à condition que le bébé ait dormi et mangé tout son soûl.
Autrement dit : après son réveil et la tétée qui le suit immédiatement, un bébé en bonne santé n'a aucune raison d'être de nouveau fatigué. Au contraire, il aimerait regarder et écouter tout ce qui, dans le monde qui l'entoure, est encore plus intéressant que téter et dormir !
Cela n'avait jusqu'alors pratiquement jamais été le cas, car Guillaume avait toujours tété jusqu'à épuisement et ses trop courtes somnolences l'avaient rendu instable et lui avaient causé des embarras digestifs.
Maintenant, tout est clair : à son réveil, il ne tarde pas à manifester son appétit, tête goulûment et avec entrain et, moins de dix minutes plus tard, il n'a plus d'yeux et d'oreilles que pour sa maman !

1. Nous ne pouvons fournir que des réponses individuelles à la question de savoir si on doit donner à l'enfant les deux seins ou un seul à chaque tétée. Quand, comme dans le cas de Guillaume, la mère a beaucoup de lait, je l'encourage à ne donner qu'un seul sein à chaque tétée. Beaucoup s'en étonnent, mais ils oublient que c'était la méthode d'allaitement normale il y a encore trente ans ! On ne donnait les deux seins que quand l'enfant végétait ou quand on avait des jumeaux.

Il prend même manifestement plaisir à être changé et bichonné, tout comme il en prend à la promenade digestive.
Je m'empresse de préciser que des rencontres comme celle-là comptent parmi les plus beaux instants de la vie professionnelle d'un pédiatre !
Vous vous demandez sans doute comment expliquer une telle métamorphose dans le comportement de ce bébé. C'est bien simple, en vérité, si on se souvient de l'image du château aux pièces multiples (voir chap. 2). Quand un bébé s'éveille et passe de la chambre à coucher à la salle à manger, nous pouvons lui être d'un grand secours si nous ne l'empêchons pas de noter la différence d'apparence existant entre ces deux pièces : cette dernière est claire et on peut y voir et y entendre les personnes qui s'y trouvent. Puis, pour changer sa couche, on va dans la salle de bains, dans laquelle il fait chaud et où on peut gigoter tout nu avant d'enfiler une couche propre. Plus tard, on pourra s'endormir merveilleusement détendu lors de la promenade digestive qui a lieu dehors. L'emploi du temps se voit ainsi structuré et on peut d'autant plus facilement faire le point sur les impressions qu'on reçoit. L'**expérience jubilatoire de l'appartenance** peut alors être véritablement et intensément vécue au lieu de se perdre dans un demi-sommeil !
Permettez-moi de faire ici une remarque sur le lait maternel : celles de mes lectrices qui n'allaitent pas peuvent avoir l'impression que je ne me préoccupe pas de leur situation et celles qui allaitent, que je ne traite que des problèmes qui surviennent lors de l'allaitement. C'est pourquoi je tiens à être parfaitement clair à ce sujet : s'il est vrai que l'alimentation naturelle a d'incontestables avantages, il n'en est pas moins vrai qu'il est des cas où ça ne marche pas ! Aussi ne s'agit-il pas dans ce livre d'allaiter ou ne pas allaiter, mais bien plutôt du soutien qu'on apporte à son enfant – et qui n'est pas notablement différent qu'on le nourrisse au sein ou au biberon !
Au sein ou au biberon, la tétée doit être une activité toujours plus

empreinte de joie de vivre et de sérénité, un travail plaisant lors duquel les sens s'ouvrent aux valeurs du **nous**. C'est, si on veut, la première forme de **communauté de table** ! Et, comme lors d'une fête joyeuse, la conversation s'anime au fur et à mesure que le ventre se remplit ; elle ne s'achève pas, que je sache, à la dernière bouchée !

Les comportementalistes parlent de « relation de dialogue au sein », qui sert de transition avec la phase de communication particulièrement intense qui la suit immédiatement. Nous commençons à saisir la portée centrale de cette expérience pour le développement psychique et social de l'enfant !

Nous devons aider notre enfant à jouir de cette merveilleuse expérience : car son cycle d'activité, l'excursion qu'il fait à travers les différentes pièces du château, doit – un peu comme sur un manège – s'effectuer dans le bon sens (voir schéma 2, p. 45), afin qu'il fasse l'expérience de ce sentiment d'appartenance et de communauté en état d'éveil et en association avec des sensations agréables :

– l'éveil marque le début du cycle ;
– le bébé signifie bientôt qu'il a faim !
– la tétée est un beau moment de joie pour tous les participants !
– la relation au sein et l'intérêt réciproque que se témoignent enfant et parent sert de transition avec le « quart d'heure de papotage », puis avec la cérémonie des soins corporels et du change.

Au début, il parvient d'autant mieux à se détendre qu'il se sent soutenu, corps à corps, ou qu'on le mène en promenade ; bientôt il y parviendra aussi tout simplement dans son lit.

Autrement dit : l'enfant qui s'éveille est accueilli parmi les « éveillés », puis réconforté par la tétée ; seulement, lui donner de nouveau le sein à la fin de cette phase de veille, à la fin de sa petite excursion, reviendrait à poser une barrière qui l'empêche de revenir en lui-même. Dans un tel cas, il ne pourrait pas apprendre à trouver son pôle de repos en lui-même et nous entraverions son système d'autorégulation. Pour les tétées de la nuit dans les premières semaines, en revanche, on peut renoncer sans difficulté à la discussion pendant et après la tétée au profit d'un sommeil bien mérité !

Pendant la journée, le bébé aura bientôt d'autant plus envie d'élargir son horizon (comparer avec le schéma 2 : repas, communauté, découverte). La seule condition est qu'il doit connaître parfaitement le noyau central de son manège.

Lors de ces excursions, de claires démarcations entre les pièces, des **seuils** à franchir, peuvent être d'un grand secours. Pour les bébé nourris au sein, lorsque le bébé ne tête plus avec entrain, on interrompt savamment la tétée ; si le bébé reste « accroché », on supprime l'effet de succion en écartant du bout du doigt la commissure de ses lèvres. On lui essuie la bouche et le sein disparaît du champ du regard. Nous nous trouvons désormais dans la phase de conversation, de jeu ou de soins. Et le bébé n'aura le droit de téter de nouveau qu'après avoir bien dormi et recouvré sa réceptivité.

En revanche, d'innombrables enfants emploient l'allaitement au sein comme aide à l'endormissement, phénomène encore plus long (et d'encore plus longue durée !) dans l'allaitement au biberon. La tétée devient une sorte d'« ascenseur pour le sommeil », avec toutes les conséquences que cela suppose (voir aussi chap. 5). On remarque presque toujours chez ces enfants, qui ont l'habitude de se calmer en tétant, que leur confiance en eux et leur résistance psychique s'en trouvent considérablement altérées.

À trois ans, Caroline n'éprouve aucun plaisir à jouer avec d'autres enfants de son âge. Elle ne supporte d'être sur le terrain de jeux que si sa mère lui fait la conversation. Si un autre enfant s'approche d'elle, elle se cache ou grimpe sur les genoux de sa mère. Le jour où elle fête son anniversaire avec d'autres enfants, c'est elle qui doit commander. Et comme elle est toujours extrêmement tendue, ça se termine invariablement par une bagarre et par des larmes. Au jeu, il faut absolument qu'elle gagne, sinon elle s'en va bouder dans son coin. Ces deux ou trois heures ne représentent que du stress pour tous les participants. Enfin vient l'heure où les parents des petits hôtes viennent rechercher leur progéniture. Caroline, son nounours à la main, est agrippée au bras de sa mère. Elle se sent mal, elle aussi, et elle n'a pas du tout profité du repas d'anniversaire. Elle n'honore pas ses invités du moindre regard. Chacun prend congé : « Vous savez, c'était un peu fatigant pour elle – peut-être que ça marchera mieux l'an prochain ! »

Quelques mots encore sur les précédents dans l'histoire de Caroline : c'est une enfant extrêmement désirée après beaucoup d'années d'essais infructueux. Enfant unique, née par césarienne, elle a souffert de coliques des premiers mois au début de sa vie et de difficultés à téter.

Et comme, par la suite, elle ne manifestait pas un appétit exceptionnel, on lui a toujours donné ce qu'elle voulait, afin que, pour reprendre la justification de sa mère quasiment désespérée, « elle prenne au moins quelque chose ».

À un an, les journées de Caroline ressemblaient à peu près à cela :

– à 6 heures, on lui apporte au lit « son » biberon de lait aux céréales ; elle se rendort pour deux heures ;

– à 9 heures, elle accompagne sa mère faire les courses et on lui achète, à la boulangerie, un petit pain ou une sucrerie ;

– à 12 h 30, on lui donne « son » petit pot de jardinière de légumes ; toujours la même marque, sinon il y a peu de chances qu'elle y touche ; ou alors on lui fait une bouillie de millet ; sieste ;

– à 15 heures, promenade en poussette ; en chemin, un yaourt ou une barre chocolatée ; en général, Caroline fait encore un petit somme sur le chemin du retour ;

– à 18 heures, le bain de Caroline ;

– vers 19 heures, une bouillie de céréales au chocolat en guise de bonne nuit ; suit environ une heure de cérémonial d'endormissement ; biberon de tisane.

Caroline m'a souvent été conduite en consultation par une mère visiblement inquiète, car sa fille était fréquemment victime de troubles digestifs. J'ai, un jour, attiré son attention sur le naturel craintif de Caroline et j'ai constaté qu'elle avait pleinement conscience de l'influence qu'elle exerçait sur son enfant : *« J'ai toujours peur qu'elle ait quelque chose de grave ou d'avoir commis moi-même une erreur ! »*

Caroline est sans conteste entourée des soins les plus attentifs. Sa mère ne s'accorde aucune facilité, aucun accommodement. Jamais elle ne partage le repas de sa fille et, au lieu de cela, mange un morceau sur le pouce pendant que Caroline dort. Aussi a-t-elle toujours quelque chose de prêt au congélateur.

« Pour mon enfant, je suis prêt(e) à tout ! » – et je m'occupe de moi ensuite ? Si chacun de nous mange dans son coin, comment ne pas nous étonner que plus tard, chacun vive dans son coin ! Cela ne peut pas être le but recherché ; cherchons donc une autre solution.

À un an, le petit Florian se réveille en babillant, comme s'il racontait quelque chose. Peut-être s'émerveille-t-il du premier rayon de soleil, à moins qu'il n'écoute gazouiller les oiseaux. Puis il se fait plus explicite et appelle sa maman. Bonjours et câlins. Dans la cuisine se trouve encore un reste de tisane froide de la veille ; c'est juste ce qu'il fallait à la mère comme à son fils.

Pendant qu'elle prépare le petit déjeuner – tantôt du pain avec un peu de fromage blanc, accompagné d'une tisane aux fruits, ou un muesli aux pommes : toujours un peu de changement ! – et que l'eau chauffe dans la bouilloire, Florian s'exerce encore une fois à ce qu'il a appris hier : se mettre debout en s'accrochant au pied de la table, mendier une cuillère en bois et tambouriner sur son tabouret !

Tous deux prennent plaisir au petit déjeuner commun. Ils arrivent à se comprendre parfaitement sans grands discours : que veut Florian sur sa tartine ? Encore un peu de fromage blanc ? Avec une petite tranche de tomate dessus ?

Florian est toujours là pendant que sa mère débarrasse la table.

Ensuite, il l'accompagne dans la salle de bains où tous deux se brossent énergiquement les dents.
Les autres repas, cela va sans dire, se déroulent de la même manière : pendant la réalisation du repas, Florian apprend à être patient et à s'occuper, car pousser et presser ne font pas accélérer la cuisson. Le repas lui-même se prend dans la bonne humeur et, quand Florian a fini, il peut commencer par essayer de placer sa serviette dans la corbeille à pain, histoire de laisser à sa mère le temps de finir de manger tranquillement.
Deux fois par semaine, ils prennent leur déjeuner à quatre, car la mère de Florian a invité une de ses amies avec son enfant. La préparation du repas est plus rapide à quatre mains et tous y prennent le plus grand plaisir. Et deux autres jours par semaine, les hôtes deviennent les invités !

Vous pouvez reconnaître les Caroline et leurs mères de loin : à la différence des Florian et de leurs mères, elles ne se promènent jamais sans quelque chose à boire ou à manger à portée de main, même si elles ne sortent que pour un quart d'heure. On ne sait jamais : quelque désir insatiable peut survenir à tout moment…
Le but que poursuivent Florian et les autres enfants est de se sentir appartenir à un ensemble, de sentir qu'ils sont là, portés et blottis dans la sécurité du **nous**, de **participer** en membre compétent et apprécié au sein de la communauté, de communiquer avec les autres. La condition est naturellement qu'il existe une communauté à laquelle le nouveau venu puisse avoir envie de participer ! Et les parents célibataires, nous l'avons vu, sont tout autant capables de satisfaire à cette condition, pour peu qu'ils sachent eux-mêmes apprécier la douceur d'une atmosphère agréable et qu'ils recherchent eux aussi un certain sentiment de communauté.
Peut-être l'attitude que nous prenons intérieurement dépend-elle, en fait, du principe que nous suivons « *Pour toi, mon enfant, je suis prêt(e) à tout !* » (cela ne sent-il pas trop l'abnégation et l'esprit de sacrifice ?), soit plutôt la devise : « *C'est beau et très agréable*

d'être ta mère/ton père ! » La décision ne devrait pas être trop difficile à prendre !

Établir et respecter les règles du jeu

En clair : **élaborons la communauté dans laquelle nous vivons de telle sorte que nous ayons nous-mêmes envie d'en faire partie !** Et pour que le plaisir ne s'évanouisse pas, il faut établir et respecter certaines **règles du jeu**. La régularité du déroulement des journées et une organisation rigoureuse, des repas communs particulièrement, simplifient la vie : un intérêt justifié ! Deux grands repas pour combattre la grande faim et deux ou trois plus petits à heures à peu près fixes suffisent !

Bien évidemment, les repas communs ne sont qu'une occasion de manger ensemble ; ils doivent rester pour tous une permission, pas une obligation ! Seule la présence est importante. Le gobelet d'eau ou de tisane est toujours plein, mais avant de lui donner quelque chose dans son assiette, on aura soin de demander à l'enfant : « *Veux-tu manger avec nous ?* »

Et, s'il vous plaît, asseyez-vous à table vous-même, mangez ne serait-ce qu'une bricole en compagnie de votre enfant ! Il n'est rien qui favorise autant la serviabilité et le sens des responsabilités que la règle imposant que tous les repas se prennent en commun ! Cette règle contribue également à écarter les troubles du comportement alimentaire.

Éviter la loi du bon plaisir et la démesure permet d'acquérir une plus grande vision d'ensemble. On ne reste pas soumis à ses caprices et à ses envies, mais on prend conscience du cadre plus vaste dont on fait partie. Les enfants apprennent ainsi et par eux-mêmes à s'y reconnaître dans leur emploi du temps quotidien, à savoir par exemple que, quand le soir tombe, la journée s'achève aussi et qu'il est temps d'aller au lit (voir chap. 2) !

Au début de sa scolarité, en classe maternelle, l'enfant a plus encore besoin de ce temps du repas ; il l'aide à avoir une perception globale du cours du temps, à développer une conscience de sa mesure et à apprendre à l'utiliser (voir chap. 8).

En résumé

– Un enfant aspire à **participer**. Il est heureux quand il peut se dire : *« Je fais partie de votre groupe ! »* C'est un point dont on doit avoir particulièrement conscience dans l'organisation des repas, car ils jouent pour l'enfant un rôle central parmi les diverses activités de sa journée.
– Cela peut avoir aussi des effets secondaires agréables et loin d'être négligeables car ce programme facilite et allège l'existence dans presque tous ses moments et il la rend souvent nettement meilleur marché. Vous pouvez en faire vous-mêmes l'expérience, à condition d'avoir pour vous également un programme de vie clair : car sans un indicateur des tâches et activités au jour le jour, rien ne marche !
– Pour éviter de fermer pour notre enfant le chemin qui le conduira à la **communauté de table**, nous devons savoir que les repas ne sont pas faits pour calmer l'enfant, mais pour lui procurer satiété, vigueur et communication. La relation au sein peut déjà conduire à un échange vivant. Téter c'est se fortifier, boire c'est prendre des forces pour pouvoir ensuite apprendre à vivre et à apprécier, les sens en éveil, la vie en société.
– Un usage trop abondant des tétines et autres biberons constitue un obstacle sur le chemin qui mène à une pleine participation aux repas communs. Plus on les emploie, plus ils handicapent le développement social et la disponibilité langagière de l'enfant et,

de manière générale, son initiative et sa capacité à communiquer. Bannissons donc à temps ces « muselières », et les biberons au plus tard après le premier anniversaire !
Être assis avec les autres autour de la table familiale fortifie l'enfant physiquement et psychiquement : cela consolide considérablement sa force morale et affirme la position qu'il prend au sein de la communauté.
L'ambiance familiale reste ou redevient sereine et faire la cuisine est d'autant plus un plaisir qu'on a un gourmet de plus à table ! Et vous voudriez vous refuser ce plaisir ?
« Pour mon enfant, je suis prêt(e) à tout ! » est une devise certes louable, mais l'attitude d'abnégation et de sacrifice qu'elle implique en fait un obstacle sur le chemin de la socialisation. N'oublions jamais de faire en sorte que les soins que nous donnons à notre enfant soient pour nous-mêmes aussi agréables que possible, à commencer par la tétée. Ce principe vaut davantage encore pour l'établissement des priorités en matière de droits et de devoirs : qui est constamment au service de son enfant et ne pense que plus tard à son propre bien-être – quand il ne l'oublie pas tout à fait – se rendra vite compte que, quand chacun mange dans son coin, chacun vit dans son coin. En outre, ne proposer à quelqu'un que ses « petits plats » préférés conduit souvent à des manies alimentaires grotesques ! Ce qui ne risque pas de se produire si nous refusons d'abdiquer la direction des opérations culinaires.
Les courses et la préparation des repas sont également d'excellentes occasions d'éveiller chez l'enfant un certain intérêt pour les soins qu'on s'apporte l'un à l'autre au sein de la communauté et augmentent encore la joie qu'on éprouvera à manger ensemble. Toutes ces étapes sont pleines d'enseignement pour l'enfant. Il apprend pour ainsi dire spontanément à saisir les enchaînements d'actions et prend pleinement conscience de la succession logique de ces diverses phases – et bien sûr de ce que signifie le mot patience !

« Tu as trop à faire ? Laisse-moi être présent chaque fois que c'est possible ! Laisse-moi vivre ces instants avec toi et laisse-moi un peu participer ! Ça me procure tant de plaisir – et à toi aussi, non ? Fais ce que tu as à faire : j'essaie de me joindre à toi ! »

5

Imposer des limites est bon pour la santé

Au chapitre précédent, vous avez déjà pris connaissance du cas de Guillaume. Sa foudroyante prise de poids malgré un apparent manque d'envie de téter, ses vomissements dus à des reflux gastriques, son muguet et son agitation chronique constituent, par leur conjonction, les manifestations caractéristiques de quelque dysfonctionnement fondamental. Aussi sommes-nous parvenus, en peu de temps et grâce à quelques modifications apportées aux causes de ces maux, à faire absolument disparaître tous ces symptômes.

Contrairement aux autres chapitres qui traitaient plutôt de l'évolution psychique de l'enfant, le présent chapitre s'attache exclusivement aux troubles de sa **santé physique** et à la manière dont ils peuvent apparaître quand l'enfant ne reçoit pas tout le soutien dont il a besoin. Le cas de Guillaume en est un bon exemple. Outre les conséquences, on y observe toute une série de signes précurseurs suspects :
– muguet récurrent malgré les traitements ;
– occlusion permanente du nez, respiration bruyante et râlante ;
– hypertrophie du ventre, éventuellement accompagnée de coliques ;
– agitation fréquente, crises de hurlements ;
– hoquets persistants ;
– hernie ombilicale due à une distension exagérée de la paroi abdominale ;
– selles verdâtres et mousseuses, aigres et agressives ;

– rapidité flagrante de la prise de poids.

Si l'on interroge les parents sur la durée d'un « cycle » (faire téter le bébé, le changer, l'habiller, etc.), on constate un extraordinaire investissement en temps. Dans presque tous les cas, le bébé fait d'assez longues pauses, somnole ou s'endort même carrément entre les étapes et, si jamais il vient à s'agiter (« faim »), on le laisse téter à nouveau, etc. (voir chap. 4). Et malgré l'apathie, voire la répugnance qu'il manifeste devant la tétée, le bébé profite généralement bien – dans les premiers temps du moins.

L'endormissement ou la somnolence pendant la tétée, le « sommeil tétouillant » au sein ou au biberon ne sont pas sans conséquences :

– ils favorisent considérablement le développement de levures (muguet) dans les cavités buccales (même s'il est vrai qu'il est impossible d'en éviter l'apparition, car cet agent pathogène est très largement répandu) ;

– l'enrichissement de l'alimentation (« surengraissement ») et le virage de la modification du pH vers l'acide (car le lait tourne !) altèrent qualitativement et surtout quantitativement la flore pharyngée qui, au gré de la respiration, gagne le rhinopharynx et les fosses nasales ; la muqueuse enfle, le bébé a du mal à respirer, expulse parfois en éternuant des mucosités verdâtres qui ont une odeur de fromage ; c'est ce que j'appelle un rhume de lait ;

– d'une manière identique, ce que j'appelle microaspiration (l'aspiration de microparticules) peut être à l'origine de bronchites ;

– les râles s'intensifient souvent la nuit, provoquant généralement (et à juste titre) l'inquiétude des parents et les conduisant la plupart du temps à prendre des mesures peu appropriées ; la mère et l'enfant dorment mal et, quand ce dernier s'agite, on lui redonne le sein : autre cercle vicieux !

– c'est la trop longue durée d'une tétée qui peut favoriser chez la mère la tuméfaction et les crevasses des mamelons, les galactorrhées et les lymphangites. Si le nourrisson ne tète pas avec assez d'énergie dans la mâchoire inférieure, s'il ne tète pas vraiment, il ne fait que sucer le mamelon et le maintenir dans une ambiance chaude et moite ;

– un bébé qui somnole en tétant boit généralement plus qu'il n'est bon pour sa santé : un sac mou a en effet une plus grande capacité qu'un récipient plus rigide ! Le diaphragme est poussé vers le haut (hoquet !) et, comme l'estomac est rempli à ras bord, il ne peut plus jouer son rôle, qui est de bloquer l'accès à l'œsophage : s'ensuit un « reflux » (régurgitations) accompagné d'aigreurs, de renvois et de vomissements ; ce qui aggrave encore les troubles des voies respiratoires ;

– on rencontre souvent des otites moyennes, car il est prouvé qu'outre l'altération des muqueuses, dont nous venons de signaler les inconvénients, le reflux provoque également chez les bébés qui en sont victimes un reflux du contenu de l'estomac au-delà du pharynx et jusqu'à la caisse du tympan ;

– au problème de la quantité s'ajoute aussi celui de la durée, car de trop longues tétées provoquent un considérable ralentissement du vidage de l'estomac, des gaz et des crampes d'estomac.

Il me faut expliquer ce dernier point : un enfant nourri au sein ingurgite la plus grande partie de sa tétée en quelques minutes. Si son estomac est en bonne santé, le lait tourne, l'albumine précipite et la plus grande partie du lactose fermente en quelques instants. Au bout de dix à quinze minutes, l'estomac peut déjà commencer à se vider « par gorgées ».

Mais cela lui est impossible si le processus d'oxydoréduction se voit entravé par un nouvel apport de nourriture ! Et s'il laisse passer ne serait-ce qu'une toute petite quantité de ce mélange de « fromage frais » et de lait non tourné, il expose l'enfant à de douloureux troubles digestifs et à des gaz tout aussi douloureux dans l'intestin grêle et, par un processus de compensation très subtil, le pylore freine encore davantage le vidage de l'estomac.

Comme pour l'élaboration du fromage, il faut éviter tout nouvel apport de lait une fois que la précipitation de l'albumine a commencé !

Le bébé qui « chipote » en tétant se trouve donc dans une situation plus que fâcheuse :

– il est épuisé par le labeur que constitue une longue tétée ;

– au fond, il a toujours faim : les substances nutritives se sont perdues en route dans son organisme !

– son intestin gronde et les pincements dus aux crampes se font sentir ;

– en outre, il se sent mal à en vomir : l'estomac est plein à ras bord de substances difficiles à digérer, une sorte de fromage raté !

– et dans cet état, il ne peut pas dormir non plus, il peut tout au plus faire un petit somme. C'est épouvantable !

Cela ne fait pas l'ombre d'un doute : le problème du bébé agité, victime de vomissements et de reflux est étroitement lié, entre autres, au manque d'assurance et d'expérience de sa mère ou de la personne qui s'occupe de lui. Sinon il est presque impossible d'expliquer que cette indisposition soit inconnue dans certaines pouponnières parfaitement gérées[1] : sur mille enfants, il ne s'en est pas trouvé un seul qui présente de tels symptômes.

Comment donc acquérir plus d'assurance ? En utilisant au mieux l'expérience des autres pour éviter à notre enfant de se retrouver dans une situation aussi épouvantable que celle-là. Cela nous conduit à une cinquième devise :

« Aide-moi à conserver la santé »

Les problèmes que nous avons évoqués sont, en quelque sorte, des **symptômes précurseurs** : ils sont souvent ce qui pousse les parents à conduire l'enfant en consultation et c'est ce qui nous

1. Communication à l'auteur d'Emmi Pikler, directrice de la célèbre pouponnière de Lóczy à Budapest.

donne la possibilité de réagir le plus tôt possible et d'éviter que la situation ne s'aggrave.

À quoi ressemblent maintenant les conséquences à plus long terme dont nous avons parlé plus haut ? Elles deviennent particulièrement spectaculaires dès lors que l'enfant ne reçoit pas une nourriture adaptée à son âge :

– prolifération des mucosités et développement anormal de la flore pharyngée ;

– congestion croissante des voies lymphatiques : avec la succion, la circulation de la lymphe dans les canaux lymphatiques est bien inférieure à celle entraînée par la mastication, dans toute la cavité buccale ;

– baisse de la résistance aux infections : bronchites souvent accompagnées d'obstruction (congestion, constipation, otites moyennes, etc.) ;

– développement des amygdales et des végétations ;

– caries et gingivites, inflammation de la muqueuse buccale, problèmes d'orthodontie ;

– manque de fibres entraînant des troubles de la flore intestinale et un déficit des fonctions intestinales, lequel entraîne à son tour un manque d'appétit et une tendance à la constipation ;

– ainsi qu'une prédisposition à diverses diarrhées.

Chacun d'entre nous éprouve une gêne considérable à sentir dans sa gorge des restes de nourriture, un cheveu ou des mucosités, dans le cas d'un rhume par exemple. On s'énerve, on ne peut pas dormir, on se racle la gorge pour la énième fois. Impossible de trouver le repos !

Il en va tout autrement du bébé qui s'endort en tétant : l'habitude qu'il a de s'endormir avec du liquide dans la gorge l'empêche – logiquement – de ressentir comme telle la gêne que représente cette menace pour ses voies respiratoires ! Il s'entraîne pour ainsi dire à perdre un réflexe vital ou, du moins, il en atténue terriblement le niveau de présence. Peut-on considérer qu'il est indifférent de renoncer à une telle fonction d'alarme ?

Benoît a neuf mois et on me l'amène en consultation parce qu'il souffre de bronchite depuis plusieurs semaines. Il n'a pas de fièvre, il a même plutôt bonne mine, mais, en respirant, il ronfle comme un soufflet de forge. Sa famille est ici en visite. Le traitement qu'il suit déjà consiste en une multitude de médicaments qu'on m'apporte dans une poche en plastique.
État des lieux : respiration bruyante, faisant comme des gargouillis, irritation et gonflement des muqueuses de la bouche et de la gorge, respiration nasale difficile, poids convenable de 10,5 kilos.
Une inhalation et une auscultation par percussion provoquent chez Benoît une crise de toux carabinée. Il va beaucoup mieux ensuite.
Les jours suivants, je revois deux fois par jour « Benoît-le-Gargouilleur » (c'est sa mère qui l'appelle comme ça !) pour une inhalation et une percussion. Mes conseils (une alimentation adaptée à son âge, de meilleures conditions de couchage – horaires, position) ont déjà été mis en pratique.
Quatre semaines plus tard, je reçois une carte postale : « ... et nous nous portons tous à merveille ! »

En outre, quand l'enfant dort sur le ventre, on peut voir apparaître un tout autre problème : si l'on couche un bébé de quelques mois à moitié endormi sur son petit ventre plein, cela fait encore augmenter sa pression abdominale et repousse son diaphragme vers le haut. La respiration devient superficielle et malaisée, les risques de reflux augmentent, car la tension du diaphragme empêche la fermeture correcte de l'entrée de l'estomac (*cardia*). Le bébé est stressé et cela lui donne des sueurs pendant son sommeil ! Il lui est absolument impossible de respirer profondément ; et pourtant, il en aurait besoin pour pouvoir expectorer comme il faut. Le bébé doit donc également s'entraîner à perdre l'habitude de tousser et, à cause de risques de reflux, apprendre à respirer prudemment. Il doit renoncer aussi aux profondes inspirations qui, dans le sommeil paradoxal, sont particulièrement importantes pour répondre aux temps d'arrêt respiratoire (apnée) : les mécanismes du sommeil s'en trouvent affectés. Ce sont là autant de facteurs de risques de mort subite du nouveau-né, c'est pourquoi, depuis 1994 maintenant, on proscrit totalement la position sur le ventre, et même sur le côté, pour le sommeil des bébés. Seule la position sur le dos est préconisée.

Quoi qu'il en soit, ne laissons personne nous empêcher d'agir dès aujourd'hui selon les lois de la plausibilité et du bon sens ! Je connais en tout cas un chef de service de pédiatrie qui révoque sans autre forme de procès toute infirmière qui calme un nourrisson en transgressant l'interdit absolu du branchement au biberon (on couche l'enfant dans son lit, on l'étaie par exemple avec un linge roulé, et on lui met la tétine dans la bouche, après quoi on peut le laisser se débrouiller tout seul).

Un développement perturbé

Il est d'autres conséquences à long terme du manque de démarcation entre repas, jeu, sommeil, etc., qui ne sont pas de l'ordre de la spéculation : l'enfant, ne disposant pas de suffisamment de points d'orientation, n'arrive pas à structurer son apprentissage. Stratégies d'action, capacité de jugement et compétence sociale lui font défaut. Ce qui conduit à des **troubles du développement psychomoteur et social**. La maîtrise du corps ne parvient pas à atteindre une qualité et une sûreté suffisantes, ce qui accroît le danger de :

- blessures, accidents, asphyxie par crampes de l'épiglotte ou aspiration (de corps étrangers dans la trachée-artère) quand, par exemple, on mange en marchant ou qu'on fait le pitre en mangeant ;
- troubles de la perception et du développement langagier ;
- troubles d'intégration sensorielle ;
- syndrome du trouble hyperactif ;

- difficulté d'intégration à la crèche ;
- troubles du comportement alimentaire, problèmes de toxicomanie et de dépendance ;
- troubles de l'estime de soi ;
- perte d'intelligence pratique, difficultés en classe.

Cela peut également entraîner une mise en danger des rapports parents-enfant et des parents entre eux à l'intérieur de leur couple, avec effet en retour sur l'enfant.

Nous avons déjà rencontré certains de ces cercles vicieux (chap. 2, 3 et 4). Une présentation exhaustive de chacun d'entre eux nécessiterait la rédaction d'un livre à elle seule !

Chers lecteurs, nous venons de nous consacrer à quelques zones de turbulences que bien des enfants ont à traverser coûte que coûte. Je vous assure cependant que les enfants sont extrêmement résistants. Presque tous les problèmes finissent par trouver leur solution et la plupart d'entre eux le font même spontanément. Les enfants pardonnent un nombre incroyable de fautes à leurs parents. Il ne nous est cependant pas interdit de leur – et de nous – faciliter la vie en essayant d'éviter un certain nombre de ces écueils ; et, pour ce faire, il est rarement trop tard !

6

Lâcher prise et se trouver

Le petit Boris a dix mois et est sujet à de violentes douleurs, c'est du moins ce que pensent ses parents. Depuis plusieurs semaines, il est étrangement agité, il ne mange ni ne boit plus aussi bien qu'avant, se réveille souvent la nuit, alors que jusqu'alors il avait toujours dormi d'une traite. Il n'aime plus rester tout seul et veut sans cesse qu'on le porte. Il hurle dès qu'on essaie de le coucher. Ses parents soupçonnent qu'il doit avoir mal aux oreilles ou aux dents, à moins que ce ne soit au ventre. Pourtant, le gel dentaire conseillé par le pharmacien fait aussi peu d'effet que les suppositoires analgésiques de la voisine. Et, pendant la journée, ce n'est pas mieux : il faut le porter sans arrêt.
L'auscultation du petit garçon qui se défend bec et ongles ne laisse rien voir de particulier. Que faire ?
Je suis encore en train de chercher quand Boris me livre pour ainsi dire spontanément la clé de l'énigme : il est dans les bras de sa mère quand soudain, poussant un cri hargneux et étranglé, il se détend d'un bond et donne à sa mère un coup de pied dans le ventre ; peu s'en faut qu'il ne tombe lui-même de son bras. Les parents se mettent aussitôt à essayer de le calmer : la mère berce et embrasse son fils qui braille, le père fait cliqueter son trousseau de clés et cherche à remettre la tétine dans la bouche de son fils.
Mais ce dernier ne se calme vraiment que quand, toujours dans les bras de sa mère qui le berce, il reçoit en plus de son père son biberon d'eau. Il peut alors se détendre et se blottir contre le cou de sa mère, jouant un peu avec son collier de perles. Comme elle le berce en marchant et qu'elle fait de grands pas dans le cabinet, le père a

quelque mal à suivre le mouvement : car il n'est pas question que le biberon s'éloigne d'un millimètre de l'épaule de madame : la tétée du petit ne doit être interrompue à aucun prix !

En tant que spectateur, je saisis tout de suite que Boris connaît par cœur le numéro de ses parents et que, comme de bien entendu, cela le rassure et le calme. Il faut dire que ses parents n'ont vraiment pas l'air de débutants !
Dans les semaines qui suivent, j'ai deux ou trois fois l'occasion de discuter avec eux. C'est difficile au début, pour les deux parties, mais le résultat s'avère positif. Résumons les faits en quelques mots :
– Boris donne l'impression de souffrir « par à-coups » ;
– objectivement, pourtant, on ne trouve rien ;
– c'est principalement le fait d'être seul, ne serait-ce que pour quelques instants, qui semble déclencher en lui cette agitation angoissée ;
– ses parents ne le laissent donc plus seul un seul instant ;
– leur dévouement leur fait trouver sans cesse de nouveaux moyens de calmer leur fils ;
– ces stratégies d'apaisement semblent cependant s'user rapidement, toujours est-il qu'elles ne sont plus aussi efficaces qu'autrefois ;
– aussi combine-t-on de plus en plus les diverses méthodes d'apaisement les unes avec les autres ;
– s'ensuivent presque spontanément des sortes de combinaisons fixes : des « associations fixes de besoins ». Les méthodes d'apaisement ne vont désormais plus les unes sans les autres.

Des besoins en chaîne

La première visée de nos entretiens est d'arriver à comprendre que chacun de ces besoins est légitime en soi. Il ne s'agit pas de les contester à Boris de quelque façon que ce soit. Seulement, la situation est devenue problématique parce que avec le temps Boris a exigé toujours plus, et qu'il a toujours triomphé ; qu'il semble avoir besoin de ces triomphes ; que tous les désirs qu'on lui refuse le mettent hors de lui et que ces associations fatales ne s'avèrent plus aptes à le satisfaire.

Ce phénomène d'**association de besoins** est très répandu. Un nombre incalculable d'enfants sont incapables :

– de manger sans qu'on les y incite sans cesse ou qu'on s'occupe d'eux ;
– de jouer loin des regards et des commentaires admiratifs ;
– de faire de nouvelles expériences sans que quelqu'un les accompagne ;
– de sortir sans leurs fameux objets de consolation ;
– de se détendre sans un contact corporel intense ;
– de s'endormir sans avoir rien à boire, etc.

Là où la situation devient véritablement impossible, c'est quand on n'arrive pas à imposer de limite et que ces couples de besoins sont en plus associés entre eux, pour ainsi dire « mis en réseau » ! Boris ne parvenait à se calmer que quand non seulement sa mère le portait dans ses bras, mais encore qu'elle le berçait activement, qu'il pouvait jouer avec son collier et que par-dessus le marché son père lui courait après avec un biberon d'eau !

Mme S. me raconte que sa fille Lucie, qui a presque deux ans, ne peut s'endormir que si elle se couche à côté d'elle et qu'elle lui fredonne une mélodie particulière. Elle a en outre besoin d'un biberon d'eau – avec un doigt de jus de pomme pour le goût – et de son doudou, sans lequel il n'est pas question qu'elle s'endorme.

Mais ce n'est pas tout, poursuit Mme S. en cherchant un peu ses mots : Lucie exige de pouvoir pétrir d'une main le lobe de l'oreille de sa mère tandis qu'elle glisse l'index de son autre main dans sa narine – dans la narine de sa mère, oui !

Quelques mois plus tard seulement, après un traitement efficace des troubles du sommeil de Lucie, Mme S. a trouvé, pour employer ses propres mots, « le courage de m'avouer » qu'elle avait déjà dû consulter un spécialiste pour lutter contre de violents saignements de nez. Ce n'est qu'alors qu'elle m'a confié qu'elle était... psychothérapeute comportementaliste.

Pour éviter tout malentendu : le fait d'exercer une profession en rapport avec les enfants, la pédagogie ou la psychologie ne facilite pas toujours et dans tous les domaines l'éducation de ses propres enfants. Le savoir professionnel semble au contraire être plus un obstacle qu'une aide à la résolution des problèmes avec lesquels on est confronté chez soi. Et j'ai pleinement conscience, croyez-le bien, que cette constatation s'applique à mon cas personnel avec la même acuité !

C'est peut-être parce que le savoir professionnel implique d'un côté davantage de connaissances, une conscience plus forte des problèmes, mais d'un autre côté aussi moins de spontanéité, peut-être moins d'authenticité. C'est également la raison pour laquelle tout ce qu'on lit à ce sujet dans les livres et dans les magazines ne saurait en aucun cas nous protéger de certaines sottises que nous sommes prompts à commettre !

Boris et Lucie sont des exemples des efforts que font tant de parents pour « bien faire » envers leurs enfants, oubliant pendant ce temps leur intérêt propre jusqu'à se nier eux-mêmes, pour être enfin obligés de reconnaître douloureusement que cette façon d'agir n'est pas même profitable à leur enfant.

Les rituels à travers lesquels s'exprime leur dévouement pour leur enfant se figent, ne font pour ainsi dire plus que jouer le rôle de « preuves d'amour », tandis que ce qu'il y a de vivant, ce qui se renouvelle à chaque instant, l'amour du cœur en un mot, n'a plus la place d'exister. L'enfant réagit à cette situation par un manque croissant d'assurance, et il n'en va pas autrement des parents.

Car, pour qu'une relation respire et reste vivante, elle a besoin de cet espace. Ce qui nous livre une sixième devise :

« Apprenons, nous aussi, à lâcher prise ! »

Vous avez sûrement remarqué que nous avons déjà traité plus précisément de ce détachement au chapitre 3.
Il était alors question de l'espace de liberté que nous devons laisser à l'enfant pour lui permettre de développer ses compétences et, surtout, sa confiance en soi. Dans le présent chapitre, il s'agit plutôt de **l'espace dont nous avons besoin nous-mêmes** pour éviter de nuire à notre propre estime de nous et à notre capacité d'aimer et leur permettre au contraire de se régénérer jour après jour. C'est le seul moyen que nous ayons de pouvoir être toujours équilibrés et de bonne humeur, malgré les sollicitations auxquelles nous sommes constamment exposés. En vérité, ces deux aspects ne sont que les deux faces de la même médaille.
Mais revenons à la pratique : comment pouvons-nous très concrètement nous octroyer cet espace de liberté qui nous protégera d'une relation asphyxiante à notre enfant ?
Il suffit en réalité de faire un peu attention et d'observer chacune des étapes de l'évolution de notre enfant :
– veiller, dès les semaines qui suivent l'accouchement, à prendre suffisamment de pauses entre les tétées, et les utiliser pour se reposer !
– éviter de rendre inutilement notre bébé dépendant de nous, en le laissant par exemple sucer continuellement notre doigt ou en le laissant s'endormir en tétouillant le sein, etc. ;
– essayer de faire rapidement la différence entre une faim véritable et d'autres indispositions (gémissements de fatigue, besoin de

mouvement...) et atteler dans ces cas son partenaire ou toute autre personne à la tâche !
– n'employer les objets de transition (voir ci-après) qu'à bon escient ;
– éviter ces satanées associations de besoins !
– permettre à notre bébé d'acquérir au plus tard à cinq mois le **contrôle autonome de son sommeil** (voir p. 124).

Du bon usage de l'objet transitionnel

Qu'est-ce que cela a à voir avec les objets transitionnels ? Que désigne-t-on au juste sous ce nom ?
La symbiose qui existe, au début de sa vie, entre l'enfant et sa mère se relâche évidemment peu à peu. La naissance et la section du cordon ombilical ne sont que les premières étapes de ce détachement et elles seront suivies de bien d'autres. Ce processus d'émancipation est souvent douloureux pour les deux parties, pourtant il est inévitable si on ne veut pas passer à côté du but qui est de faire de l'enfant un adulte.
Dans les premiers mois, cela peut faciliter la vie de la mère que de donner au bébé dans son berceau une poupée de chiffon par exemple qui servira de substitut et lui évitera, à elle, d'être obligée de s'allonger à côté de lui. Car elle a autre chose à faire et a grand besoin de temps pour elle-même ! Le bébé va généralement s'habituer très vite à cet objet et sa poupée lui manquera quand elle viendra à s'absenter de son berceau.
D'autres bébés ont une tétine : c'est, après le pouce, la meilleure solution ! Peut-être devrait-on chercher à essayer de s'en passer ; on éviterait ainsi à son enfant et à soi-même un certain nombre de déboires. Mais il ne sert à rien de s'accrocher mordicus à ses principes : acceptons-la pour le moment comme un mal nécessaire.
Ces objets transitionnels peuvent-ils nuire à l'enfant ? En aucun

cas, mais c'est la manière dont on les emploie qui peut, elle, devenir problématique.

Cet objet favori devrait avoir pour fonction de **remplacer la mère** quand elle n'est effectivement pas disponible. Aussi devient-il superflu quand nous sommes là et que nous nous occupons physiquement de notre enfant ; car nous voulons alors être tout ouïe et toute attention l'un pour l'autre. Un tel « bouche-trou » ne ferait que nous déranger et nous distraire ! Donc : *« Soit l'original, soit le substitut, mais jamais les deux en même temps ! »*

Cela devient véritablement compliqué quand cet objet, éventuellement multiplié, devient une compagnie permanente et ne saurait être abandonné pour la moindre exploration à quatre pattes, le moindre jeu, la moindre balade ou la moindre visite : et les dénominations de « tétine tranquillisante », « biberon tranquillisant », « tisane tranquillisante » devraient déjà nous faire réfléchir ! Nos nourrissons ont-ils vraiment constamment besoin de tranquillisants ? Ces derniers, au demeurant, fonctionnent d'autant moins bien qu'on les emploie de manière inflationniste : il n'en résulte qu'une perte d'efficacité. Et cela ne produit que des enfants nerveux et instables qui souffrent la plupart du temps de troubles du sommeil.

Si la poupée (ou la sucette) n'entre en action que lorsque le bébé a véritablement envie de dormir mais qu'il ne trouve pas immédiatement le sommeil, il n'y a rien à redire : on ne saurait même trop recommander cette poupée qui fait fonction de marchand de sable ; autrement dit, elle reste dans le lit du bébé et attend qu'on ait besoin d'elle. Elle devient ainsi un jalon familier et bien situé (voir chap. 2) qui aidera à l'orientation de l'enfant.

Le respect de ces règles faciles à appliquer permettra d'éviter quasiment toutes les difficultés : on est plusieurs fois pas jour appelé à lever son bébé et à le tirer – à sa demande expresse – de son lit. Veillons à ce que sa poupée reste bien à sa place, où l'on saura bien sûr toujours la trouver en cas de nécessité absolue !

À condition d'être utilisés de cette manière, les objets de transition peuvent devenir de précieux auxiliaires, en ce qu'ils nous aident à lâcher prise plus facilement.

Mais que se passe-t-il quand l'objet de transition se trouve être le pouce ? Le problème est alors encore plus facile à résoudre : dès que le pouce prend le chemin de la bouche, nous devons immédiatement en tirer la conclusion suivante : voici quelqu'un qui tombe de sommeil, et qui a besoin d'aller au lit toute affaire cessante. Si le quelqu'un en question est d'un autre avis, il aura bien sûr le droit de se relever et il ne tardera pas à comprendre – car les enfants comprennent très vite – que c'est à la vue de ce geste précis que nous concluons qu'il est fatigué.

Il existe naturellement, en fonction de la situation et de l'heure de la journée, diverses autres possibilités d'aider notre suceur de pouce à apprendre à faire un usage « raisonnable » de son objet de transition, pour éviter que cela ne devienne un tic : car un enfant de deux ans qui reste planté là à sucer son pouce est, en réalité, à la recherche d'une activité. Aussi peut-on l'aider en lui donnant une petite occupation ou en lui demandant de nous donner un coup de main, de sorte qu'il ait quelque chose à faire (voir chap. 8) !

Il est toujours problématique en effet de s'utiliser soi-même ou d'utiliser les parties de son corps comme objet de transition : car on perturbe ainsi la transition qui nous permet de renoncer à l'assurance que nous donne le sein maternel pour acquérir notre propre assurance !

Ce n'est pas un échange de caresses que de pétrir un lobe d'oreille par habitude ou par ennui, d'enrouler des cheveux autour d'un doigt ou de tripoter un collier. Pas plus que pour un enfant de trois ans le fait de ne se « stabiliser » que s'il peut glisser sa main dans le décolleté de sa mère. Cela devient même franchement alarmant quand les orifices du corps de la mère sont utilisés pour se délasser, comme cela était le cas pour Lucie.

Qu'il s'agisse de poupée, d'ours en peluche, de tétine ou du pouce, il existe toute une panoplie d'objets qui peuvent convenir à cette fonction de transition, mais il en existe malheureusement tout autant qui y sont parfaitement inadaptés. Outre les parties du corps précédemment citées, j'aimerais ajouter que le fait de porter un bébé dans ses bras à seule fin de l'endormir peut entrâver considérablement la transition de l'autre vers lui-même. Et il en va de même de la promenade en voiture quand celle-ci n'est plus utilisée que comme véhicule somnifère, etc.

Le biberon tranquillisant

Il me faut encore évoquer ici un élément supplémentaire, car à cause de lui des millions d'enfants se voient inhibés dans le développement de leurs compétences propres et de leur personnalité, je veux parler du biberon tranquillisant.
Permettez-moi de m'expliquer : le biberon est une invention judicieuse et une aide indispensable dans les nombreux cas où il est impossible, difficile ou déconseillé de nourrir le bébé au sein. Dans tous ces cas, il n'y a rien à dire, de même que quand on s'en sert pour donner au bébé un peu de tisane ou d'eau (en cas de déshydratation aiguë ou après des troubles de la digestion). Le problème se pose quand le biberon est utilisé pour tranquilliser le bébé et l'inciter au sommeil. Quand le biberon est la seule réponse qu'on apporte à des cris, des pleurs, une mauvaise humeur, une colère ou de présumées douleurs dentaires, ou quand le bébé s'engourdit, voire s'endort, en tétant son biberon, on lui refuse ce détachement qui devrait lui permettre de se trouver.
Les nutritionnistes, les manuels spécialisés actuels, les ouvrages grand public consacrés à l'alimentation sont tous du même avis : le biberon est un auxiliaire de l'alimentation du nourrisson et ne devrait, dans la mesure du possible, jamais être rempli de liquides sucrés et autres jus de fruits ou de légumes, pas même s'ils sont amplement coupés d'eau ! Les jus se donnent de préférence à la

cuillère, mieux encore mélangés à d'autres légumes ou à de la purée.

L'enfant nourri au biberon doit, si possible entre le cinquième et le neuvième mois, au plus tard au douzième mois, être progressivement habitué à la cuillère et au gobelet à bec. À un an il devrait, dans une large mesure, manger à la table commune (voir chap. 4) et ne plus avoir besoin d'un menu spécial ni même d'un biberon !

Rien ne sert de tricher !

Revenons quelques pages en arrière, si vous le voulez bien, pour nous remémorer les règles censées nous donner l'espace de liberté dont nous avons besoin pour construire une relation saine avec notre enfant (voir p. 120). Je voudrais ajouter quelques remarques au dernier des points traités plus haut, à savoir « Permettre à notre bébé d'acquérir au plus tard à cinq mois le contrôle autonome de son sommeil ».

L'expérience prouve que le chapitre « sommeil » reste un sujet épineux pour bien des parents d'enfants en bas âge ; aussi voudrais-je évoquer ce thème un instant.

Selon plusieurs statistiques, trois enfants sur quatre souffrent de troubles du sommeil, et leurs parents avec eux. Les causes en sont multiples, liées tant aux relations familiales ou sociales qu'aux conditions de logement, entre mille autres. Je ne voudrais évoquer ici qu'**une seule cause**, qui

– joue un rôle primordial dans la plupart des cas ;
– peut être enrayée à peu de frais ;
– et rend ainsi les troubles du sommeil curables ou même, si l'on réagit assez tôt, permet de les éviter.

Car la condition *sine qua non* d'un bon sommeil est de pouvoir lâcher prise, et c'est ce qu'un enfant qui souffre de troubles du sommeil a encore à apprendre !

Qu'est-ce que cela veut dire, en pratique ? Comment s'en sortir ?

Le principe est simple : il nous suffit d'éviter de provoquer le sommeil de notre enfant par une quelconque activité ou par des trucs bien intentionnés, de l'endormir au moyen de mesures qui deviennent bientôt des habitudes. Et, enfin, il n'est pas fair-play, par exemple, de s'asseoir à côté de son enfant et de le caresser jusqu'à ce qu'il s'endorme, pour s'esquiver ensuite sur la pointe des pieds dès qu'il est endormi.
Comment ? Les mains jurent une foi éternelle tandis que les pieds savent déjà qu'ils vont passer à l'ennemi ? De telles tricheries sont cousues de fil blanc ! Lors de la prochaine phase de sommeil léger, l'enfant ne tardera pas à remarquer que nous n'avons pas tenu la promesse que nous avions faite, même si elle n'a pas été exprimée par des mots. Nous avons promis « *Je protège ton sommeil !* » et nous devrions, pour bien faire, tenir une telle promesse tout au long de la nuit. Or, vous reconnaîtrez avec moi que c'est un service par amour qui va un peu trop loin !

Manon a onze mois et passe enfin les nuits sans se réveiller, de sept heures et demie du soir à sept heures du matin. Depuis qu'elle est parvenue à ce résultat, elle est plus joyeuse et plus équilibrée qu'auparavant. C'est une véritable bénédiction, car la mère de Manon est en fin de grossesse et a besoin de beaucoup de sommeil.
Il y a une semaine encore, Manon pleurait plusieurs fois par nuit. Pour qu'elle se rendorme, son père devait la prendre dans ses bras et – ils en avaient peu à peu pris l'habitude – monter et descendre l'escalier en colimaçon de la salle de séjour, jusqu'à ce qu'elle s'endorme. Et voilà que Manon se met à dormir sans problème... et sans manières !
Que s'est-il passé ? Le père, totalement exténué, a tout simplement été victime d'un arrachement des ligaments externes de la cheville !

Récapitulons les subterfuges les plus fréquemment utilisés pour endormir les enfants :
– les porter ou les promener ;

– s'asseoir à côté d'eux ; leur chanter ou leur fredonner une chanson, les caresser ou leur tenir la main ;
– se coucher près d'eux ;
– leur donner le sein ou le biberon.
Comme vous pouvez le constater, nous avons toujours affaire à cette infernale association de besoins que nous avons évoquée plus haut : l'enfant ne peut s'endormir qu'à condition que ses parents exécutent quelque autre chose. Ainsi sont-ils impliqués dans ce qu'on appelle le schéma d'endormissement de leur enfant : il devient impossible de lâcher prise !

Les rituels d'endormissement

Comment agir plus astucieusement ?
Il est important, dès le quatrième ou cinquième mois, d'instaurer et de configurer le rituel du coucher de telle sorte qu'il prépare à lâcher prise, sans toutefois entraîner par avance une quelconque somnolence.
– Quand on change son bébé pour la dernière fois de la journée, après (!) le repas du soir, on cherche à donner à cette phase un caractère particulier. On peut, par exemple, en rhabillant son bébé, souhaiter une bonne nuit à chacune des parties de son corps tour à tour : *« Bonne nuit, petite jambe ! Bonne nuit, autre petite jambe ! »* Ou bien on réserve une chanson particulière ou une petite phrase adaptée à cette occasion.
– Puis on va au lit : on salue avec tous les honneurs qu'il mérite et avec la plus grande cordialité la poupée ou l'ours en peluche qui accompagnera l'enfant dans son sommeil.
– Si nous sommes adeptes de la sucette, c'est à ce moment-là seulement que le bébé retrouve sa sucette de nuit. Il la reconnaît facilement à sa couleur (bleue, par exemple). Tant qu'il n'arrive pas tout à fait à la saisir lui-même, on peut l'aider et guider sa

main. Ne jamais la lui coller nous-mêmes dans la bouche, mais l'aider à réaliser ce geste lui-même !
– Une dernière caresse sur la tête et on quitte la chambre avec une formule d'adieu du genre : *« Bonne nuit, dors bien et fais de beaux rêves ! »*
Voilà qui facilite considérablement le **retour sur soi** de l'enfant (voir chap. 2). Les enfants ne tardent pas à apprécier ce chemin bien balisé qui leur montre la voie du sommeil ! Les parents qui en font l'expérience sont bien souvent éberlués par leur succès.
Au début, lors de la mise en place de tels programmes de bonne nuit, il est possible que les premiers soirs appellent encore quelques « demandes de précisions complémentaires » : *« Tu ne peux pas me laisser comme ça tout seul ! »* nous hurlent-ils dès que nous tournons les talons. Nous pouvons alors répondre : *« Oui, tu as raison ! Et comme c'est toi, je veux bien te reprendre une dernière fois dans mes bras ! »* Nous comptons jusqu'à trois, histoire de nous fixer une limite que nous pourrons respecter, puis nous quittons la pièce ! Bien sûr nous revenons aussi souvent que de besoin !
Soyons bien clair : le programme de bonne nuit n'est diffusé en tant que tel qu'une fois par soir. Si, par la suite, l'enfant se réveille et nous appelle, nous serons beaucoup plus brefs : nous nous en tiendrons à l'essentiel et nous nous contentons de vérifier que tout va bien. Nous pouvons, par exemple, sortir brièvement le bébé de son lit et le prendre contre nous, puis examiner le lit et aplanir un pli des draps qui le gênait peut-être : *« Tu vois, c'est ça qui te gênait ! »* et on le recouche aussitôt.
Lorsque je discute avec des parents sur le thème du sommeil, on en vient régulièrement à un point critique : les parents sentent bien qu'il leur faut se décider à être les premiers à lâcher prise, à être des exemples de courage, dès lors que tout est appelé à ne plus fonctionner exactement comme avant. Et c'est à ce moment-là qu'apparaît souvent la question suivante : *« Oui, mais dois-je laisser hurler mon enfant ? »* Réponse : *« Non, en aucun cas !*

Revenez le voir ! » Et une fois qu'il a pu vous revoir une nouvelle fois, une fois que vous avez vérifié l'état des lieux et du lit, vous pouvez le quitter sans pour autant avoir mauvaise conscience ! Mais n'oubliez pas, lorsque vous sortez de sa chambre, de lui promettre que vous reviendrez le voir chaque fois que ce sera nécessaire, par exemple en lui disant : « *Tu peux dormir maintenant, essaie au moins ! Et si ça ne marche pas, appelle-moi !* »
Et cette dernière phrase dit bien ce qu'elle veut dire : elle a déjà aidé quantité de parents à conserver bonne conscience quand ils quittent leur enfant. Car la promesse « *Je reviendrai te voir chaque fois que ce sera nécessaire et je veille sur toi !* » contient tant de consolation et d'assurance que chaque enfant la comprend et peut y croire. Bien sûr il aura besoin, pendant deux ou trois soirs, de mettre cette promesse à l'épreuve, pour l'exemple, et nous devons éviter de le décevoir. Le simple fait de s'attarder ou de quitter la chambre d'un pas hésitant peut remettre en cause le succès de cette opération. **Lâcher prise**, nous le voyons, **est une attitude qui s'apprend !**
Donc : nous rentrons en souriant dans la chambre de l'enfant qui a du mal à dormir et, au bout de moins d'une minute – nous n'avons pas besoin de plus pour vérifier l'état des lieux, de l'enfant et de la couche et aplanir les plis des draps –, nous ressortons de la chambre avec le même sourire : « *Si ça ne marche pas, appelle-moi !* »
Encore un mot à ceux qui préconisent le lit familial : s'il a des adeptes, tant mieux pour eux. J'ai toutefois eu l'occasion de constater, lors de consultations avec des quantités de parents, que la majeure partie des pères et mères s'en trouvent surmenés, manquent de sommeil, sont sur les nerfs et qu'ils ont de plus en plus de mal à profiter de la joie d'être avec leurs enfants parce qu'ils sont à bout de forces.
À propos des différents besoins de sommeil : nous constatons que les enfants qui ont appris, sans contrainte et de manière autonome, à gérer eux-mêmes leur sommeil dorment le plus souvent

de onze à treize heures par nuit. Est-il un adulte qui aurait le temps d'en faire autant ? En est-il qui aient véritablement besoin de se coucher à huit heures dans leur propre intérêt ? Qui agit ainsi pour faire plaisir à son enfant lui transmet ainsi un double message : *« Je me couche à côté de toi parce que tu as besoin de mon attention ; pour te faire plaisir, je renonce à être dans la pièce d'à côté où je pourrais lire, écouter de la musique, etc. »* (voir chap. 7).
En outre, la relation de couple des parents se trouve soumise à une extrême tension dès lors que jouer son rôle de parent ne procure plus de plaisir particulier ! Résistera-t-elle à cette pénible épreuve si les enfants ont tout loisir de s'installer comme chez eux dans le lit conjugal ?
Car il ne faut pas minimiser l'importance du fait qu'en règle générale, les besoins sexuels des parents ne peuvent guère être pris en compte si les enfants ne les quittent ni nuit ni jour !
Ne pas savoir lâcher prise au bon moment n'est donc pas seulement, nous le constatons, un handicap pour l'enfant dont la confiance en soi se trouve inhibée dans son développement ; c'est également pour nous, parents, un fardeau inutile et sans intérêt.

Nourriture : du liquide au solide

Et il n'y a pas que dans le domaine du sommeil qu'on peut reconnaître la nécessité de ce détachement. C'est une thématique à laquelle nous sommes confrontés, sous de multiples aspects, tout au long de l'évolution de l'enfant. Cela concerne également, par exemple, le domaine de la nutrition, le passage progressif d'une alimentation de nourrisson à une alimentation plus diversifiée. Nombreux sont manifestement les parents qui n'affichent que fort peu d'intérêt pour les progrès de leur enfant dans ce domaine, alors qu'ils suivent par exemple son développement moteur avec la plus grande attention. Une nourriture adaptée à son âge et qui contribue à sa santé tant physique que psychique nous conduit à accompagner l'enfant à travers un certain nombre d'étapes.

À quatre, tout au plus cinq mois, nous commençons prudemment à lui proposer une nourriture semi-solide :

– Le premier repas à la cuillère est composé de légumes ; quelques cuillerées, pour commencer, avant la tétée au sein ou au biberon, puis des pommes de terre, du riz, de la viande. Ce « déjeuner », adapté à l'âge de l'enfant, constitue un apport équilibré en nutriments indispensables et en fibres alimentaires qui renforce le système immunitaire et consolide l'enfant en renforçant sa flore intestinale contre les gastro-entérites par exemple.

– Comme deuxième repas à la cuillère on ne saurait trop conseiller, le soir, une bouillie à base de céréales, de lait et de fruits. Ce doit être, au plus tard à partir du septième mois, le dernier repas de la journée, avant d'aller au lit. Nous voyons clairement ici que le déroulement du programme alimentaire entretient des liens extrêmement étroits avec le détachement dont il est question ici : le précepte « Le dernier repas du jour se prend à la cuillère ! » nous évite de succomber à la tentation de faire un mauvais usage de la tétée somnifère avant d'aller au lit. Nos grand-mères savaient déjà que la bouillie du soir favorise le sommeil. Ce qu'elles ne savaient pas, c'est que la cause n'en est pas le degré de satiété mais le simple fait que manger à la cuillère n'endort pas, n'entraîne pas l'engourdissement. Le bébé n'est pas conduit à établir une relation entre manger et dormir. Bien dormir, c'est avant tout savoir lâcher prise !

– Le troisième repas à la cuillère sera bientôt un petit en-cas l'après-midi, par exemple une purée de fruits avec une biscotte trempée dans du lait.

– **À neuf mois au plus tard**, le bébé fait un nouveau pas d'importance : il prend part au repas du soir de la famille ! Dans les familles où il y a déjà d'autres enfants, ce moment peut se voir anticipé de deux ou trois mois – par le bébé lui-même, s'entend ! Car il n'a plus envie d'être en quarantaine (voir chap. 4) et d'être nourri à part. Ne pas oublier non plus en lui essuyant la bouche de lui dire : *« Voilà, tu as bien mangé et tu n'as plus besoin de rien jusqu'à demain matin ! »*

– **À neuf mois, au plus tard à douze**, la plupart des bébés se sont déjà sevrés d'eux-mêmes – à condition qu'on leur en laisse la liberté décrite dans les pages précédentes ! Le petit déjeuner peut également désormais avoir lieu en famille. Pour faire passer le temps avant que la table soit dressée, on peut donner au bébé un gobelet d'eau. Car, au cours de la nuit, son organisme a perdu une certaine quantité d'eau qui doit être remplacée au plus tôt.

Encore une précision à propos du petit déjeuner : bien des adultes et de nombreux enfants n'ont pas vraiment faim au saut du lit ; une heure plus tard, en revanche, ils ont bien meilleur appétit. À nous donc d'agir en conséquence ! Sans compter que c'est là un rythme naturel.

Vouloir apaiser un besoin qui n'a pas encore été ressenti et moins encore exprimé peut contrarier considérablement la capacité de l'enfant à trouver son propre rythme (autorégulation). D'où le précepte : « Ne cherchons pas à habituer nos enfants à manger sans avoir faim ! » Cela provoquerait des troubles du comportement alimentaire. Car, dans le meilleur cas, notre enfant mangerait pour nous faire plaisir, ce qui ne serait qu'une forme détournée d'obéissance !

Limiter dévouement et abnégation

Et puisque nous parlons justement d'obéissance, il manque encore au chapitre « lâcher prise » un point essentiel : l'obéissance n'est plus un idéal d'éducation, tout le monde le sait désormais, par bonheur ! Mais nous voyons paraître à présent des parents obéissants.

On prend son enfant de trois ans dans les bras parce qu'il revendique « son dû » sur un ton de commandement et geste de menace à l'appui, empoignant violemment par exemple le pull-over de sa mère quand elle ne se dépêche pas et qu'au contraire, au mépris de l'impatience de son enfant, elle ose poursuivre une ou deux phrases de sa conversation avec une amie. Puis il tente de lui faire connaître sa colère par les oreilles. Et si elle continue à ne pas lui obéir ? Les enfants n'ont aucune gêne à passer aux actes et à montrer manu militari le droit chemin à leurs parents : *« Je veux que tu m'écoutes, et tout de suite ! »*

Voilà donc des parents devenus les laquais de leurs enfants ! Il y a là quelque chose qui ne tourne pas rond ! Et oui, justement : ils n'ont pas appris à lâcher prise !

L'équilibre de leur relation s'altère : en cherchant sans arrêt à assouvir les besoins encore inexprimés de leur enfant – *« J'ai soif ; je veux ceci maintenant ; j'ai besoin de toi, et tout de suite ! »* – les parents ne conservent que fort peu de liberté, d'occasions et d'énergie pour ressentir par eux-mêmes l'affection qu'ils portent à leur enfant et lui signaler que ce sont eux qui recherchent sa proximité. Car pour pouvoir réagir ainsi, on a tout d'abord besoin de prendre du champ.

De quel genre d'amour a besoin un enfant ? Eh bien, précisément : de cet « amour du cœur » qu'engendre l'affection et non pas d'une quelconque sollicitude, qui n'a que des relents de devoir de base ! C'est là le seul moyen d'établir cette confiance originelle qui est la condition *sine qua non* du développement aussi bien de la personnalité de l'enfant que de sa capacité future à bâtir une vie de couple ou une relation amoureuse.

L'abnégation quotidienne des parents fait penser à la roue d'un hamster, dans laquelle le petit rongeur s'épuise sans relâche. Ils finissent par ne plus avoir assez de latitude pour « aimer » spontanément, d'une affection qui soit le fruit de leurs propres sentiments et non une réaction aux revendications exprimées par l'enfant. Une telle attitude ne répond en rien aux besoins d'amour de l'enfant.

Et le cercle vicieux est bouclé : l'enfant doit revendiquer toujours plus mais ne reçoit en échange que la sollicitude dont nous venons de parler (l'expression par l'enfant de ses besoins est liée, de manière quasi obsessionnelle, à la satisfaction qui y correspond), jusqu'à ce que les parents n'en puissent plus : Dieu nous garde de faire de cette abnégation un syndrome de disparition de l'amour parental !

Il faut que subsiste assez d'espace libre pour que les deux parties puissent de temps à autre avoir « envie » l'un de l'autre et exprimer leur désir de l'autre, comme c'est au demeurant aussi le cas dans une vie de couple normale. Le désir a besoin de champ libre ! Et beaucoup de parents, dans la société actuelle, ont énormément de mal à s'accorder cet espace libre indispensable.

Quand le « dévouement sur commande », sur exigence de l'enfant, prend le pas sur tout le reste et que les parents mettent leurs propres besoins sous le boisseau, on assiste à une inflation galopante de cette « envie de toujours plus » : l'enfant recherche ses parents derrière le succédané, derrière la fausse monnaie dévaluée de l'« assouvissement des besoins » : il veut découvrir la véritable nature de leurs sentiments, de leur savoir et de leurs souhaits. Une recherche dont les chances de réussite s'amenuisent à vue d'œil !

En résumé

Quand les parents ne réussissent pas à lâcher prise à temps, trois conséquences sont à redouter :

– *L'enfant* a trop peu d'espace pour éprouver ses compétences et acquérir de la confiance en soi (voir chap. 3).

– Cette incapacité à lâcher prise a aussi des conséquences importantes pour *les parents eux-mêmes* : le rôle de parent devient inutilement pénible, parfois insupportable, et ce n'est pas sans effet sur la relation de couple !

– *Dans la relation avec leur enfant*, les parents se trouvent parfois

dans une situation difficile, puisqu'ils ne se sont pas concédé à eux-mêmes l'espace libre nécessaire. Ils ont vis-à-vis d'eux-mêmes de trop hautes exigences (*« Mon enfant doit bénéficier des conditions de vie les meilleures qui soient ! »*) et se précipitent dans un sacrifice sans limite (*« Je prends sur moi l'entière responsabilité du bien-être de mon enfant ! »*).
Aussi devons-nous nous entraîner **dès le début à lâcher prise** et rester confiants dans le fait que l'enfant saura comprendre comme il faut l'exemple que nous lui offrons ! Notre capacité ou notre incapacité à lâcher prise aura avec certitude des conséquences sur l'ensemble du développement de notre enfant et influera sur sa confiance en soi et sur sa joie de vivre. Mais nous aurons très tôt un témoignage extrêmement clair de notre réussite en observant si notre enfant dort bien et volontiers, sans perdre de vue son comportement alimentaire. Aussi devrions-nous considérer tous les troubles dans ces deux domaines comme autant de symptômes précurseurs. À nous de pratiquer alors de sages et précoces modifications qui faciliteront considérablement notre vie et celle de notre enfant !

7

La sincérité du langage et des sentiments est un droit imprescriptible

Par une merveilleuse journée ensoleillée d'hiver, mon épouse et moi montons en téléphérique au sommet de notre « montagne » locale. Dans la cabine, en face de nous, sont assis une mère et ses deux jeunes enfants, une petite fille qui doit avoir quatre ans et un petit garçon d'un an et demi avec de bonnes grosses joues bien rondes. Ils ont également embarqué une luge.

La petite fille observe le paysage avec intérêt tandis que son jeune frère, assis sur les genoux de sa mère, s'occupe à manipuler la fermeture éclair de sa combinaison. Soudain il pousse un cri aussi strident qu'inattendu, commence à rouspéter et à piailler, puis il se penche en avant et donne ce faisant un coup de pied dans le genou de sa mère.

Elle l'embrasse sur le front et lui demande : « Tu as encore faim ? » ; puis elle sort de son sac à dos une boîte en plastique et présente à son fils un sandwich de pain beurré. Le petit garçon commence par ouvrir le sandwich et à gratter le beurre avec le doigt. Sans grand plaisir, il en porte quelques miettes à sa bouche, mais la majeure partie atterrit sur le plancher de la cabine ou est généreusement étalée sur sa combinaison de ski. Commentaire de sa mère : « Veux-tu bien finir de faire le goret ! », mais elle le laisse faire et l'embrasse de nouveau.

Voyant qu'il s'agite de plus en plus – l'ascension dure environ vingt minutes – sa mère remballe les plus gros restes du sandwich ; quant aux miettes et aux petits résidus de beurre, elle les mange. Puis elle présente à son fils une deuxième boîte dans laquelle se trouvent des quartiers de pomme, avec ces mots : « Tu as sans doute envie de quelque chose de plus frais ! » Provisoirement quelque peu apaisé, mais sans faire preuve outre mesure d'enthousiasme, le petit garçon saisit un quartier de pomme, le lèche quelques instants, puis ouvre finalement la main, lentement, et regarde avec une apparente indifférence le morceau de pomme tomber par terre et s'écraser au milieu des autres reliefs de sa précédente collation.

Je concède bien volontiers qu'une telle ascension est ennuyeuse pour un enfant d'un an. Et j'admets également qu'on ne peut pas toujours avoir l'idée géniale qui nous permettra de l'occuper et de lui rendre le voyage moins long. Mais je pense qu'il aurait suffi de le laisser jouer avec le sac à dos, ses courroies, ses boucles et ses rabats : cela l'aurait sûrement occupé un bon moment !
Car la question qui se pose ici est bien la suivante : l'ennui est-il un malheur tel qu'on doive prendre aussitôt des mesures préventives adéquates ? Cette courte scène donnait au témoin involontaire que j'étais l'impression que ce petit garçon évidemment bien nourri n'avait pas la moindre faim, mais que sa mère cherchait en permanence à entretenir sa bonne humeur. Son besoin manifeste de s'occuper, d'avoir au moins quelque chose à faire – dès lors qu'il ne pouvait pas se déplacer – restait inassouvi. Au lieu de cela, on lui proposait des satisfactions orales, « de bouche », dont il n'avait cependant pas la moindre envie. Il semblait avoir l'habitude de ces offres de substitution et sa corpulence révélait qu'il ne les refusait que rarement !

Toute la palette des humeurs

Caprices, ennui, sautes d'humeur plus ou moins marquées sont autant d'états d'âme que tout enfant normal – en fonction de son tempérament, bien sûr – produira au plus tard vers six ou huit mois, le tout culminant bien entendu à l'âge d'un an ! Il n'y a rien d'anormal à ce que l'humeur bascule de temps à autre : il peut arriver que le bébé exprime soudain son désintérêt ou son mécontentement dans des situations qu'il appréciait jusqu'alors ; il envoie promener un de ses jouets avec un dégoût manifeste ; refuse sans prévenir toute nourriture ; s'ennuie parce qu'il constate que les possibilités qui lui sont offertes de faire une expérience amusante sont plus limitées que d'habitude ; présente les signes de colère correspondants : il pleurniche et peste, crie et hurle sans motivation apparente, agite ses mains ou se tire les oreilles.

Pendant un temps nous pourrons, bien sûr, lui garantir la variété de divertissements qu'il désire. Mais les pertes que l'enfant devra essuyer quant à son autonomie seront proportionnelles aux efforts que ne cessera de faire son entourage, et son estime de soi aura fort à en souffrir.

Il faut surtout savoir que, si l'on combat dès qu'elles se manifestent sa mauvaise humeur ou ses petites indispositions (comme s'il n'avait pas le droit d'en avoir), notre enfant aura bien du mal à trouver son équilibre intérieur : on le verra râler et pester de plus en plus souvent, puis finir par multiplier les crises de colère pour parvenir tout de même à exprimer des sentiments que nous considérons comme négatifs. Simplement, il n'apprend ainsi nullement – et c'est bien regrettable – à **gérer ses sentiments et à les dominer**. Mais bien plutôt à les apprécier et à les défendre comme le seul droit qui lui reste, alors que son entourage les juge négatifs et s'acharne à les combattre.

Comme je l'ai déjà dit, la plupart des enfants présentent dès le sixième mois de telles variations du « baromètre émotionnel ». Le spectre s'élargit progressivement. L'environnement de l'enfant se laisse souvent intimider par ce phénomène et compatit beaucoup, d'autant que c'est généralement aussi l'époque des premières dents, des premières infections, des obstacles et des échecs que rencontre l'enfant en essayant de se déplacer et d'imiter les adultes.

Il en va à peu près comme de la météo : les petits orages sans

incidence sont souvent précédés d'éclairs de chaleur. Ils ne font parfois que passer. Mais il arrive aussi qu'ils se fassent plus menaçants et tentent d'ébranler le monde, pour mettre sa cohérence à l'épreuve.
Malheureusement, chez les enfants qui sont sujets à de telles crises de colère s'institue souvent une sorte de cercle vicieux : plus ils se rendront désagréables pour attirer l'attention des adultes, plus il est à parier que ces derniers finiront par avoir recours à la première aide venue, en règle générale un petit bonbon de consolation – en fait un véritable baiser de Judas : ces objets de substitution, de satisfaction orale, et ces propositions visant à l'apaisement (voir chap. 5) sont les réponses les plus inadaptées qu'on puisse imaginer quand un enfant tente d'ouvrir la soupape à son humeur parce qu'il en a tout simplement envie !

Les parents de Léonie sont inquiets parce que leur petite fille de cinq mois a pris l'habitude de se jeter à terre, de crier et de hurler à en devenir noire de colère chaque fois qu'on lui prend ou qu'on lui refuse quelque chose. Ils ont peur qu'à force de cogner sa tête contre le sol, elle finisse par se blesser sérieusement ou qu'elle s'étouffe. Les mêmes crises se présentent également quand, par exemple, Léonie se cogne accidentellement la tête ou tombe rudement sur les fesses en marchant.
Comme elle a déjà été victime d'une « absence » de quelques secondes, je l'ausculte de manière approfondie, sans pourtant rien trouver d'anormal.
Mais cela ne suffit pas à rassurer ses parents : ils continuent à observer avec angoisse chacun des pas de leur fille, prêts à la rattraper au vol si jamais elle manquait à trébucher – bref, ils prennent avec elle toutes sortes de gants. On cherche au maximum à éviter les conflits. Quand on ne peut pas satisfaire ses désirs, on la distrait en lui proposant des jeux ou autres attentions ou en lui faisant des promesses.

Pour les parents de Léonie, rien ne semble plus grave qu'un enfant qui se met en colère. Et toutes les stratégies d'évitement qu'ils développent empêchent Léonie de découvrir et partant, évidemment, de maîtriser la partie négative de l'échelle de ses sentiments. Nous le voyons, il existe toutes sortes de manières d'empêcher son enfant d'acquérir les techniques élémentaires qui lui permettront de venir à bout de ses plaisirs et de ses déplaisirs. Son besoin de découverte lui commande justement d'affronter non seulement le monde extérieur (voir chap. 3), mais aussi son monde intérieur, notamment le monde de ses sentiments avec ses hauts et ses bas. Ce moment d'investigation de son intériorité fait partie des espaces de liberté que nous devons veiller à ne pas lui saboter. Car il n'y a pas d'autre moyen d'acquérir stabilité de l'ego et aptitude à vivre de nouvelles expériences ! Veillons donc à ne pas nous mettre en travers de sa route ! Et si nous voulons éviter d'entraver son processus de connaissance de soi, nous voici face à une septième devise :

**« Des humeurs et des sentiments ?
Mais, bien sûr! »**

Nous ne devrions donc pas voir d'objection à ce que notre enfant commence à tester ses humeurs. Plus il le fera, mieux ce sera, car il prendra d'autant plus vite l'habitude d'être créatif et de faire lui-même en sorte de mettre un frein à sa mauvaise humeur et à son ennui. Nous pouvons en être certains, à deux conditions toutefois :

– ce n'est pas à nous, parents, que revient la tâche de prendre ces mesures pour combattre sa mauvaise humeur ;

– nous gagnerons tous beaucoup à réagir, davantage sollicités par ses périodes de bonne humeur que par ses mauvaises passes.

Permettez-moi de vous expliquer pourquoi : si nous respectons ces conditions, si nous restons un peu en retrait et évitons de nous sentir obligés d'intervenir dès qu'il s'ennuie, notre enfant pourra alors – et alors seulement ! – se résoudre à dépasser ses limites et à ouvrir devant lui de nouveaux champs de possibilités. Et les succès qu'il ne manquera pas d'obtenir bientôt seront la récompense de la peine qu'il s'est donnée (voir chap. 2).
En outre, nous évitons de lui donner l'impression qu'il lui suffit d'exprimer sa mauvaise humeur en haussant le ton pour obtenir qu'on le serve ou qu'on le distraie. Ce qui aurait la conséquence suivante : sa mauvaise humeur serait de plus en plus fréquente et il chercherait à la passer sur nous. Gardons-nous donc de jamais récompenser – fût-ce par simple inadvertance – un comportement odieux qui nous dérange à bon droit et que nous ne trouverions pas légitime d'avoir nous-mêmes.
Nous n'avons pas mérité un tel traitement. Car enfin, même les garçons de café ou les maîtres d'hôtel, dont servir est le métier, ne se laissent intimer d'ordres que dans les limites d'une certaine courtoisie : la dignité humaine est un droit imprescriptible ! C'est, comme nous le savons tous, un principe fondamental des sociétés démocratiques, et il s'applique aussi, sans la moindre restriction, aux rapports entre parents et enfants.
Pour ce qui est de nous, parents, nous pouvons partir du principe que nous connaissons ce précepte, mais il n'en est pas de même pour nos enfants. Aussi devons-nous le leur apprendre, avec douceur certes, mais de manière parfaitement intelligible en leur montrant que si nous respectons la dignité de nos enfants, nous n'en défendons pas moins la nôtre. C'est ainsi seulement que nous remplirons le devoir qui nous incombe en tant que parents !
Et c'est bien naturel : on préfère évidemment la compagnie d'une personne aimable et ouverte avec qui on peut engager une discussion animée, alors qu'il faut disposer d'une carapace sociale à toute épreuve et savoir retenir ses sentiments pour passer la

moitié de l'après-midi avec un rabat-joie acariâtre. On ne se laissera pas davantage gâcher le week-end et imposer son vocabulaire et son ton par un gamin de cinq ans qui ramène de l'école les dernières prises de kung-fu et toutes sortes de gros mots !

Mais s'il accourt joyeusement à ma rencontre et, après m'avoir gentiment dit bonjour, me raconte ses nouvelles expériences, je l'écouterai avec intérêt et je me laisserai entraîner par son insouciance, sa curiosité enfantine et son humour ; car les enfants nous donnent chaque jour une chance de redécouvrir avec leurs yeux les bontés et les beautés du monde.

Pour faire court : **laissons-nous plutôt gagner par la bonne humeur que par la mauvaise !** C'est une règle de vie qui contribue considérablement à instaurer une bonne ambiance au sein de la famille et qui permet de supporter de temps à autre un orage purificateur sans avoir à craindre une catastrophe !

En outre, ces bourrasques auxquelles nous exposent nos enfants peuvent donner l'occasion d'acquérir une certaine aptitude à gérer les conflits. C'est d'ailleurs souvent dans les climats familiaux les plus harmonieux que les petits derniers s'arrangent pour développer cette aptitude :

Jérôme, treize mois, est assis sur sa chaise haute à la table familiale. Après quelques cuillerées, il refuse de manger le reste de son assiettée. Son père essaie une fois encore d'éveiller son intérêt – en vain. Il cherche à le distraire avec des jouets tout en lui donnant la becquée – en vain. Jérôme obtient la permission de se lever de table et de jouer par terre, pour que ses parents puissent finir leur repas tranquillement – en vain. Il hurle et fait du tapage jusqu'à ce que son père finisse par le prendre sur ses genoux, sans toutefois abandonner l'espoir de pouvoir enfin manger un morceau – en vain. Finalement sa patience l'abandonne et Jérôme est expédié au lit – en vain : il continue bien entendu son numéro de casse-pieds...

Nous voyons ici un enfant qui joue avec son baromètre émotionnel et teste au passage l'endurance de son entourage : celui-ci va-t-il résister ?
Dans ce cas, tout ne s'est pas idéalement déroulé, mais rassurons-nous : les parents eux aussi sont capables d'apprendre.

Deux ans plus tard. La famille est réunie à table pour le déjeuner. Jérôme mange avec grand appétit. Sa petite sœur d'un an, Marion, au contraire, n'a goût à rien. Il faut dire qu'aujourd'hui, elle n'est pas vraiment « dans son assiette » et est à prendre avec des pincettes. Si cela avait été le cas de Jérôme, ses parents se seraient fait du souci, mais dans le cas de Marion, cela ne semble gêner personne. Tous sont extrêmement occupés à manger, à raconter quelque chose ou à écouter les autres. À la fin du repas Marion a bien mangé quelques bouchées. Et elle n'en aura que plus d'appétit lors du repas du soir !

En évitant d'intervenir, des parents chevronnés peuvent souvent laisser l'enfant s'autoréguler. Seule une progressive, mais salutaire, atténuation de l'excessive sensibilité des parents à ces émotions infantiles, comme cela est souvent le cas chez les parents débutants (ne prenez pas mal cette expression : chacun de nous commence par être un débutant !), leur permettra peut-être d'atteindre cette sérénité. J'ai toujours la plus grande admiration pour ces parents qui sont capables naturellement de cette non-intervention dès leur premier enfant : ils sont tout simplement doués ! Et si jamais ils doivent avoir un deuxième enfant, ils s'économiseront ainsi bien des peines et des crises de nerfs inutiles, car les humeurs et les explosions émotionnelles du second ne seront pas moindres que celles de son aîné. Sans compter les nombreuses frictions qui naîtront entre les frères et sœurs : rester hors champ et refuser de jouer les arbitres est bien souvent ce que nous avons de mieux à faire en tant que parents !

Trouver la meilleure attitude

Observons à présent une situation tout à fait différente : il ne s'agit plus ici d'un mouvement d'humeur imprévu et apparemment sans raison de l'enfant, mais de l'expression plus ou moins compréhensible de sa colère :

Sylvaine a deux ans et accompagne sa mère faire les courses. Un instant d'inattention, elle trébuche et tombe. Elle se met aussitôt à pleurer ; sa mère la prend dans ses bras et la couvre de baisers : « Oh, ma pauvre chérie ! Ma pauvre petite Sylvaine ! »
Sylvaine pleure et sanglote pendant dix bonnes minutes. Sa mère essaie alors prudemment de la remettre sur ses jambes – et la reprend aussitôt dans ses bras, car la petite se remet instantanément à pleurer et à hurler.
L'auscultation, dans mon cabinet, ne donne pas grand résultat : la marque rouge d'une petite contusion au genou, rien de plus. Pas la moindre lésion osseuse.
Mais comme Sylvaine refuse obstinément de se tenir sur ses pieds, j'ordonne deux jours de lit et des compresses rafraîchissantes.
Sa mère me rappelle le soir même : impossible de la garder au lit, Sylvaine court comme un diable à travers tout l'appartement.

Auriez-vous agi autrement que la mère de Sylvaine ? Voyons un autre cas :

Je suis de permanence (j'étais encore étudiant en médecine) aux urgences de chirurgie et j'essaie d'engranger le plus d'expériences possibles. Soudain, une femme fait irruption avec un enfant d'environ trois ans en pleurs dans les bras. Il a au front une plaie qui saigne abondamment, une éraflure à la main et son bras pend de

manière peu naturelle. La femme examine rapidement la pièce et s'adresse sans hésiter à une infirmière d'un certain âge (dont on voit tout de suite qu'elle a de l'expérience) : « Aidez-moi, je vous prie, mon petit Damien vient de tomber de la balançoire ! »
Les deux femmes commencent aussitôt à nettoyer son visage, prudemment, et à le préparer pour les points de suture ; le bras, qui semble cassé, est d'abord immobilisé. Pendant tout le temps de cette intervention, l'enfant pleure, tantôt de douleur, tantôt de peur.

J'ai trouvé les explications et les commentaires de la mère si pondérés et objectifs qu'ils manquaient pour moi de compassion maternelle. Cette femme se comportait plutôt comme une professionnelle, comme une infirmière : de sobres notifications à l'adresse du petit patient – *« Attention, ça va faire un petit peu mal ! Regarde, il nous faut maintenant nettoyer un peu ton œil ! »* Et le ton amical et coopératif de ses échanges avec l'infirmière permettait de se demander si c'était bien la mère de l'enfant.
Elle l'était bel et bien ! Une heure plus tard – après traitement de la plaie, radiographie et pose d'un plâtre – je l'ai revue assise dehors, Damien sur les genoux, attendant le taxi : elle le tenait étroitement serré dans ses bras et lui fredonnait une chanson. Je l'ai également entendue le consoler et lui dire, pleine de considération : *« C'était vraiment pénible, hein ? C'est vrai qu'il y avait de quoi pleurer ! C'était difficile à supporter ! Mais le courage augmente dans l'épreuve, et tu es vraiment très courageux ! »*
J'ai beaucoup appris ce jour-là. Et principalement en ce qui concerne la marche à suivre avec un enfant après un accident ou devant une intervention douloureuse :
– la manière dont il salue le docteur (ou l'aide-soignant) donne à l'adulte responsable l'occasion d'intégrer ce dernier dans sa sphère de confiance, ne serait-ce, par exemple, que par le soulagement qu'on sent dans sa voix ;
– un ton de voix objectif (*« Où as-tu mal ? Laisse-moi voir : je crois que ça va aller ! Attention, ça va faire un peu mal ! Regarde, l'autre*

bras et les jambes n'ont rien ! ») prouve à l'enfant qu'on le prend au sérieux en tant que patient qui pense et agit comme tous les autres. Ainsi la peur, l'angoisse et la douleur deviennent tangibles, intelligibles et, partant, nettement plus supportables !

– il peut être un peu déroutant au début de voir ainsi l'adulte responsable mettre énergiquement la main à la pâte, mais cela prouve en définitive qu'il dispose de réelles compétences pour agir – et cela renforce naturellement la confiance que l'enfant peut avoir en lui-même ainsi que dans les infirmières et les médecins ;

– la clarté des demandes (« *C'est une chance que vous soyez là ! Aidez-nous, s'il vous plaît. Regardez ça !* ») a exactement le même effet. Il faut également essayer, pendant l'intervention médicale, de maintenir un contact verbal avec le médecin ou l'infirmière ; cela prouve à l'enfant que tout ce qui se passe autour de lui n'a lieu qu'avec l'assentiment de sa mère. Pour l'enfant, c'est elle qui est aux commandes de toute l'opération : tout le monde est à ses ordres !

– comme la consolation est un élément capital, on la réserve pour la fin. C'est le seul moyen pour qu'elle soit efficace. Les grandes manifestations de pitié ou les gestes protecteurs **avant** ou **pendant** les diverses procédures ne font pratiquement toujours qu'aggraver la peur.

Quand l'angoisse nourrit l'attente

Une visite chez le docteur est, à peu de chose près, du même ordre ; tous les participants sont stressés et je reconnais que de nombreux enfants ont bien du mal à accepter les médecins que nous sommes. Cela vient sûrement en partie de ce que nous ne nous laissons pas impressionner outre mesure par les résistances qu'ils nous opposent, ce qui contredit radicalement les expériences qu'ils ont faites avec la plupart des autres adultes.

Mais, je vous l'assure, un enfant à qui on a laissé la possibilité de se construire, en conformité avec son âge, une solide confiance en soi et en son entourage réussira à coup sûr brillamment le test de résistance que constitue une visite chez le médecin. Et quand il sortira du cabinet, sa conscience de soi sera un peu plus grande que quand il y est entré.

Je vous invite à venir passer une journée dans mon cabinet, en visiteur, et à faire surtout attention aux pleurs des enfants : ce ne sont pas les raisons qui manquent et on ne pleure pas ici plus qu'on n'y rit. Pour certains enfants pourtant cela devient un drame, une sorte de panique. Leurs parents sont complètement occupés à tenter de les calmer, presque toujours en vain. Et cela commence aux premières manifestations de mécontentement :

– pour le distraire, on fait cliqueter son porte-clés, on claque des doigts ou on continue à lui lire son livre d'images, alors qu'on attend de moi que je lui examine les oreilles ;

– pour l'apaiser, on a le plus souvent apporté quelque chose à grignoter ; et s'il n'a pas envie de grignoter, il a droit à une orgie de bisous ;

– pour le calmer, on lui fredonne une chanson, on lui fiche sa tétine dans la bouche ou on lui donne le sein (ou le biberon).

Ce qui a, entre autres, pour conséquence de donner au médecin le rôle du méchant rabat-joie dont il s'agit à tout prix de protéger l'enfant ! On attend de lui pourtant en même temps qu'il découvre l'origine de la fièvre ou des douleurs d'oreille et qu'il y remédie. L'enfant ne sait plus où il en est : on l'emmène en consultation, mais on le protège de celui qui veut l'ausculter ; en le distrayant, on l'empêche de prendre confiance et on étouffe ses protestations, de peur mais plus souvent de colère, avec les armes citées plus haut. Est-ce bien loyal ? S'il pouvait penser avec la clarté d'un esprit adulte, il nous tiendrait pour de doux dingues !

Or, chaque tentative de distraction signifie en fait : *« Ne regarde pas, c'est trop horrible ! »* Et quand l'enfant pleure et hurle pour nous dire *« Je n'aime pas ce docteur ! »*, chacun de nos baisers est

un acquiescement, du genre *« Oui, tu as parfaitement raison ! »*. De même, des récompenses trop empressées après la consultation – biberon, biscuits, gaufrettes, etc., sur lesquels l'enfant spécule dès avant la visite – ont quelque peu un caractère de dédommagement ! Comme si on lui avait fait du tort !
Il n'est pas rare non plus que le programme que je viens de décrire ait lieu avant même de pénétrer dans le cabinet : l'enfant est déjà muni de tout ce qui pourrait servir à l'apaiser et il est saisi de panique lorsque le médecin ouvre la porte de la salle d'attente, hurle comme si on l'égorgeait, exige qu'on lui accorde la totalité de l'attention, de sorte que celui qui vient d'entrer n'est pas honoré du moindre bonjour, ni même du moindre regard !
Toutes ces armes qu'on lui donne n'ont manifestement pour conséquence que de corroborer les craintes de l'enfant (*« Si mes parents se donnent tant de mal pour m'apaiser et me protéger, c'est que je vais être exposé à une calamité épouvantable ! »*), et, tout à sa peur, il fixe toute son attention sur le « grand méchant loup », qui, comme par miracle, apparaît aussitôt. L'horreur !
Ce conflit nous rappelle étrangement le tiraillement que nous avions vu entre orientation vers l'extérieur et orientation vers l'intérieur (voir chap. 3) : comment veut-on, à la fois, accorder et lever une protection ? C'est un conflit dont l'adulte responsable doit venir à bout pour lui-même, au risque, sinon, de transmettre à l'enfant un message à double signification qu'il n'arrivera pas à supporter, un peu comme dans le cas des promesses du coucher (voir chap. 5). Il ne faut alors plus s'étonner de la peur panique qui s'empare de l'enfant lorsqu'il doit aller chez le médecin. C'était exactement le problème de Sébastien (voir introduction), et c'est aussi celui d'une quantité incroyable d'enfants.
Leurs parents sont persuadés que c'est le souvenir d'expériences désagréables (piqûres, prises de sang, etc.) qui provoque les accès de panique de leur enfant. Ce n'est pas entièrement faux, mais ce qui rend la situation véritablement intolérable, c'est que, tandis qu'on l'embrasse par-devant et qu'on lui fait des mamours, on le

pique par-derrière ! Utiliser des gestes de tendresse et des mots doux comme anesthésiques, exploiter impudemment la confiance candide de son enfant sont des erreurs que l'enfant aura du mal à oublier ! (De telles pratiques sont, au demeurant, extrêmement révélatrices, même si elles ne sont le fruit que de l'inconscience ; mais c'est là un autre sujet…).

On peut dire, de manière générale, que, si nous voulons aider nos enfants à devenir chaque jour plus forts et plus autonomes, nous ne devons pas prendre les petites épreuves – et les grosses, s'il est impossible de les éviter ! – pour plus que ce qu'elles sont : des occasions de s'entraîner.

Prenons, par exemple, les douleurs dentaires : sauf cas particuliers, je ne pense pas qu'il soit toujours indispensable de les combattre, ni par allopathie ni par homéopathie ; il suffit, le plus souvent, pour apaiser la souffrance de notre enfant, de lui indiquer clairement que nous sommes à ses côtés, que nous prenons son indisposition au sérieux et que nous cherchons à rétablir au plus vite le mode de vie dont il a l'habitude. Il semble, au demeurant, que l'intensité des douleurs dentaires soit inversement proportionnelle au nombre d'enfants d'une famille – observation que pourraient confirmer bien des grand-mères. Si toutefois votre enfant vous paraît accablé de douleur, commencez plutôt par consulter un pédiatre – pour éviter de passer à côté d'une réelle affection – avant d'administrer vous-même un quelconque analgésique.

De même, faisons preuve de résolution quand il s'agit de couper ongles ou cheveux, de prendre la température, d'essuyer la bouche ou de moucher le nez, sans quoi nous rendrons notre enfant totalement incapable de supporter la moindre épreuve, et il fera de la moindre babiole une montagne et de chaque visite chez le médecin un drame en trois actes.

Tout commence au sixième mois : les sautes d'humeur que nous venons d'évoquer, les premières dents, les premiers refroidissements et dérangements gastriques sérieux, les chutes forcées sur les fesses quand il apprend à marcher – il faut bien en passer par là ! – et les inévitables bleus ! Cela fait beaucoup de contrariétés sur le chemin qui mène de la naissance à la petite enfance ! Quant à savoir si ces sautes d'humeur expriment tout simplement de l'ennui (voir chap. 3), ou plutôt un ras-le-bol de l'harmonie éthérée dans laquelle il a vécu jusqu'à présent – qui peut le dire ?

Toujours est-il que nous devons nous garder de combattre ces turbulences atmosphériques en portant notre enfant des nuits entières à travers l'appartement. Loin d'organiser des sortes de pèlerinages invocatoires contre les larmes de notre enfant, apprenons à les accepter. « *Laisse tomber la pluie* », ce n'est pas plus compliqué que ça !

Et nos propres humeurs ? Nous venons de nous pencher avec la plus grande application sur celles de notre enfant et sur la manière très avisée dont il en joue. Mais qu'en est-il de nous ? Les parents ont-ils eux aussi le droit d'avoir leurs humeurs ? Ne doivent-ils pas toujours être là pour leur enfant, pleins d'amour et de sollicitude, d'inaltérable abnégation ?

Je pense que notre humeur, la joie qu'on peut avoir à communiquer avec autrui, avec notre enfant, ne saurait être constante ; c'est elle qui fait de nous des êtres vivants et ce serait une sorte de mystification vis-à-vis de notre enfant – et vis-à-vis de nous-mêmes aussi – que de désavouer ou de dissimuler cet état de choses. Bien entendu, nous devons, en tant qu'adultes, avoir pour nous-mêmes d'autres exigences quant à la manière dont s'expriment nos humeurs ; car enfin, nous sommes des adultes et notre expérience de la vie, notre connaissance des règles de bienséance, la maturité de notre personnalité et notre entraînement à la relation avec les autres – ou quel que soit le nom que vous vouliez donner à ce passionnant processus – ont au moins vingt ans d'avance !

Il se sent abandonné

Un dernier conseil dont l'efficacité m'a été confirmée par des parents d'enfants de deux à quatre ans qui avaient l'impression que leur enfant se sentait rejeté, voire même laissé pour compte, par exemple à la naissance d'un petit frère ou d'une petite sœur : ne laissez passer aucune occasion de rechercher en premier lieu le contact et la proximité de l'enfant qui se sent laissé pour compte, montrez-lui l'intérêt que vous lui portez, prouvez-lui qu'il joue pour vous un rôle particulièrement important ! Que cent fois par jour cet enfant ait absolument besoin de vous est une chose, mais à vous aussi de rechercher de temps à autre l'occasion de prendre l'**initiative du contact affectif**. Une suggestion pour débuter : commencez par exemple la journée en allant d'abord auprès de cet enfant et avec un « *Fais-moi un peu de place ; il fait si bon dans ton lit !* », faites-lui un câlin !

Bien des parents ont du mal, au début : « *Pour une fois qu'il n'a pas besoin de moi, il faudrait que je... ?* » Oui, justement. Vous n'aurez pas besoin de faire de grands efforts, à condition simplement de ne pas vous laisser rebuter tout de suite ; car les enfants qui se sentent abandonnés se ferment généralement par contrecoup aux avances qu'on peut leur faire. Ils demandent – c'est comme ça, on n'y peut rien ! – des preuves d'amour indiscutables. Et ils ne les obtiennent que quand les parents leur indiquent clairement qu'ils attendent quelque chose d'eux. C'est un phénomène identique à celui qui se produit lorsqu'on communique à l'enfant le sentiment suivant : « *Tu joues ici un rôle très important, nous ne pourrions en aucun cas renoncer à l'aide que tu nous apportes !* »

En résumé

– « *Laisse-moi mes sentiments et mes humeurs !* » Telle est la prière que nous adresse notre enfant. « Me permettre de traverser mes sautes d'humeur fait également partie des espaces de liberté que tu devrais me laisser ! Accepte-les, ne les réprime pas, mais ne te laisse pas gagner par ma mauvaise humeur si jamais mon baromètre émotionnel se met à la pluie ! »
– Apprendre à supporter les situations désagréables : « Tu peux aussi m'aider dans ce domaine, en évitant de te laisser déstabiliser par mon humeur ! »
– « Tu dois être à mes côtés, bien entendu ! Mais vouloir trop vite sécher mes larmes, vouloir contenir mes pleurs ou – pire – chercher à les empêcher par des mesures préventives, voilà qui peut avoir de funestes conséquences ! » On préférerait alors avoir un enfant malheureux et qui pleure souvent. Qui accepte la pluie et la laisse tomber n'a pas longtemps à attendre le beau temps !
– « *S'il te plaît, pas de messages à double signification !* Ce serait indigne ! Et ni toi ni moi n'en avons besoin ! Qui plus est, cela ne fait qu'accroître ma peur de constater que quelque chose de désagréable se prépare pour moi et que tu n'as même pas le courage de me le dire en face. *Je n'aime pas du tout les cachotteries !* »
– « Quand tu es content(e), montre-le-moi ! Mais quand quelque chose t'énerve, ne me le dissimule pas ! Je saurai également venir à bout de tes sautes d'humeur. Car je sais que tu ne les passeras pas sur moi ! »
– « Quand tu es de bonne humeur, prends-moi tout simplement dans tes bras, même si je ne te le demande pas expressément ! Car cela me plaît énormément quand tu as tout simplement plaisir à me prendre dans tes bras ! Il est possible que je me défende un peu, mais quel plaisir quand je constate que *tu m'aimes et que ton amour ne flanche pas* ! »
– Inversement : « Quand je me mets en colère et peste comme un voleur, il est possible que tu n'aies pas grande envie de me cajoler.

Alors ne le fais pas ! Ces petits conflits, tout comme le soutien et le détachement, exigent un entraînement quotidien : c'est le seul moyen de fortifier tant ma confiance en moi que le plaisir que je peux avoir d'être auprès de toi ! »

8

Un enfant aime bricoler... surtout s'il peut récolter les fruits de son activité

Mme M. considère Thibaut, deux ans et demi, comme un enfant pénible. Il est toujours en train de pleurnicher et de râler, il est incapable de jouer tout seul, ne serait-ce quelques instants, et ses exigences nocturnes achèvent de la « rendre chèvre ». L'attitude de Thibaut s'est quelque peu améliorée quand, il y a quelques mois, il a passé trois matinées à la crèche ; mais l'embellie n'a été que de courte durée. Et ce qui exaspère par-dessus tout Mme M., c'est que, si Thibaut s'épanouit à la crèche et semble manifestement s'y plaire, il la pousse régulièrement au bord de la crise de nerfs avant de s'y laisser conduire. Il se rebiffe, trouve toutes sortes de subterfuges pour ne pas se préparer, se pend à ses basques. Quand, au contraire, elle vient le rechercher, il prend son temps et veut encore rester un moment.

Nous en avons déjà parlé, Mme M. et moi, et pris quelques mesures pour aider Thibaut, mais cela ne semble pas avoir porté de fruits jusqu'à présent. Un jour pourtant, il me rend visite, dans mon cabinet, en compagnie de sa grand-mère : il avait eu quelque chose aux oreilles et il fallait que je le revoie. La consultation est rapide et j'engage un peu la conversation avec sa grand-mère. Elle non plus ne considère pas Thibaut comme un enfant accommodant, « facile à manier » ; cependant ils semblent s'entendre plutôt bien.

Je l'interroge un peu plus sur les occupations favorites de Thibaut : il aime bien aider sa grand-mère, quand elle s'active dans la cuisine, par exemple. Elle lui laisse laver les petites pièces de lessive à la main, et il s'en tire fort bien. Au supermarché, c'est un véritable

« champion » dès lors qu'il s'agit de trouver le beurre, les pinces à linge ou les oignons : on peut même sans problème l'envoyer chercher une brosse à récurer.
Quand il a suffisamment « bossé », il est satisfait comme personne : il s'assied dans un coin et se repose !

Est-ce là le même Thibaut ? Toujours est-il que, lors de la visite suivante, j'engage Mme M. à aller passer une semaine de vacances à la ferme avec Thibaut. « Vous croyez vraiment ? Je peux toujours essayer ! J'espère au moins que nous aurons du beau temps ! »
Nous nous revoyons six semaines plus tard. Mme M. est d'excellente humeur et me fait le compte rendu suivant :

En trois jours, Thibaut a fait mille nouvelles expériences : il a assisté à la moisson et a donné un coup de main pour ramasser les foins avec un râteau pour enfant que des vacanciers précédents avaient laissé là. Quand on a coulé les fondations du nouveau poulailler, on lui a confié la tâche de jeter des petits cailloux dans le ciment jusqu'à ce que « ça suffise ». Il avait également fort à faire lors du repas des petits veaux. La fermière n'a pas tardé à le prendre à son service quand elle a constaté qu'il savait si bien passer les pinces à linge. Le soir, il fallait débusquer les poules dans le jardin et les chasser vers l'étable ; sans oublier, bien sûr, de jeter un œil sous chaque buisson, pour le cas où une poule excentrique aurait eu l'idée d'y pondre un œuf. Les recherches de Thibaut ont deux fois été couronnées de succès et il a rapporté lui-même l'œuf à la cuisine. Il va sans dire qu'on le lui a servi tout exprès au repas suivant...

Ont-ils eu beau temps ? Ah, cela n'a finalement pas été si important que cela pour Mme M. Elle a eu la chance de découvrir son fils sous un jour totalement nouveau et ils ont pris tant de plaisir ensemble ! Ça été beaucoup mieux que quatre semaines de plein soleil !

Alexis, trois ans bien sonnés, est le troisième de quatre enfants. Son problème, c'est que, dans certaines situations, il se met à bégayer ; et quand la famille est au complet, il a encore plus de mal à faire entendre sa voix. Et pourtant, ses grands frères et sœurs sont très patients avec lui, ils lui laissent beaucoup de temps et le prennent au sérieux quand il a quelque chose à dire. Il n'en reste pas moins que son petit frère de deux ans parle déjà presque mieux et avec plus d'assurance que lui.
Là où il a le plus de difficulté à s'exprimer, c'est quand il est pour ainsi dire « sous pression », qu'il a le sentiment que c'est maintenant le moment ou jamais de dire ce qu'il a à dire.
Ces derniers temps, on a également vu apparaître quelques tics symptomatiques : dans les situations de stress, il lève les mains, et avec d'étranges mouvements, se frotte les cheveux et le visage. Souvent, c'est avec de violents hurlements qu'il essaie de « passer en force ».
Il y a quelques jours, il a allumé la télévision pendant qu'on dressait la table du petit déjeuner. Et quand sa mère s'en est aperçue et lui a dit : « Éteins ça et viens déjeuner ! », sa seule réponse a été le hurlement suivant : « Viens pas ! Pas fini ! »

Il est plusieurs raisons pour lesquelles Alexis a du mal à faire entendre sa voix au sein de la famille :
– en plus de ses parents, il a deux frères et sœurs plus âgés que lui. On parle donc beaucoup autour de lui et cela le désoriente bien souvent ;
– son petit frère, dans son insouciance, lui vole de plus en plus souvent la vedette : il est un peu plus dégourdi que lui pour parler, même s'il n'est pas aussi réfléchi. Alexis sent que le temps lui manque. Il commence à bégayer et se voit, à plus forte raison, contraint à la débâcle ;
– mais il n'y pas que sur le plan verbal qu'Alexis est assis entre deux chaises ; il en va de même pour les activités manuelles. Ses

frères et sœurs aînés aident bien leurs parents, de sorte que le tout marche comme sur des roulettes et que personne, jusqu'à ce jour, n'a eu l'idée de lui demander de participer, car cela aurait entravé cette mécanique bien rodée ;

– et quand Alexis, par hasard, essaie de faire la moindre chose, soit on l'aide bien trop vite, avant même qu'il en ait besoin, soit on corrige, souvent même sans un mot, ses imperfections.

Résultat : l'amour-propre d'Alexis souffre d'une part de ces échecs de communication, d'autre part de ce qu'on n'ait pas besoin de lui. Il a un rôle inconfortable dans la succession des frères et sœurs : la diligence et l'efficacité de ses aînés lui portent le même préjudice que s'il était le dernier, sans toutefois qu'il le soit véritablement, et donc sans avoir les avantages de cette position. Pour Alexis, c'est son petit frère qui est la star adulée de toute la famille et sur qui se concentre toute l'attention.

Solution provisoire à son problème : il doit « jouer les gros bras » pour pouvoir se « sentir mieux ». C'est ainsi qu'il nous faut comprendre ses cris et ses gestes qui sont presque des tics : en langage de spécialiste, on dirait qu'il s'agit d'agressions que le patient « sublime », autrement dit transforme véritablement en les affaiblissant et en les masquant.

Pour faire plus simple, on peut dire qu'Alexis a du mal à accepter la place qui est la sienne dans la succession de ses frères et sœurs. Il lui manque d'avoir éprouvé le sentiment d'être utile à quelque chose. Or, s'il est difficile de corriger la donne quant au premier point, nous pouvons, en tant que parents, influer sur ce dernier élément ; ce qui nous donne une huitième et dernière devise :

« Je veux avoir conscience de mes capacités ! »

Nous allons revenir au cas d'Alexis dans un instant pour voir comment il a évolué. Mais faisons une courte pause pour nous intéresser brièvement à Claire :

Claire a deux ans. « Quelles sont ses occupations favorites ? » ai-je demandé à sa mère lors d'une première consultation préventive. « Travailler ! » a été sa réponse. « Là, elle est véritablement dans son élément ! – Qu'entendez-vous par là ? » ai-je demandé pour plus de précision. Et sa mère énumère gentiment : aller porter le linge sale dans le panier à linge ; remplir ou vider le lave-linge ; faire passer les pinces à linge lors de l'étendage ; mettre la table ; aller chercher le balai et la pelle ; faire le ménage, et tout particulièrement passer le chiffon ; porter les couches sales ou autres détritus à la poubelle ; aider à la cuisine, laver la salade par exemple, ou « couler » les cerises dans la pâte à clafoutis, etc. ; planter des fleurs sur le balcon ou dans le jardin de sa grand-mère, enlever les mauvaises herbes, etc. Je dois ajouter que Claire m'avait apporté un petit bouquet de pâquerettes. Merci, Claire !

Bien, je reconnais que Claire n'a pas de frères ou sœurs aînés et que sa petite sœur est encore « en préparation », ce qui lui assure la totale attention de ses parents. Mais elle a également eu de la chance avec eux : ils font toujours quelque chose de productif. Et Claire semble avoir hérité de ces qualités ou les avoir bien observées (je pense que c'est, en fait, une combinaison de ces deux effets) ; il n'en reste pas moins qu'elle est toujours là quand quelque chose se passe. Aussi est-elle extraordinairement adroite pour ses deux ans. On peut déjà lui demander une foule incroyable de services et on ne compte plus, dans la journée, les occasions qu'on a de la féliciter.

Il est bon de se sentir utile

Pour moi, la joyeuse activité de Claire exprime quelque chose que je voudrais généraliser, car c'est tout aussi valable pour les adolescents, les adultes ou les personnes âgées :
La réussite vous met du baume au cœur ! Observer avec fascination ceux qui travaillent, en prendre de la graine, se coltiner ensuite soi-même le travail, faire des fautes, bien sûr, mais en prendre conscience et, dans la mesure du possible, s'améliorer et pouvoir, en fin de compte, se dire, au vu du résultat : *« J'ai fait du bon travail ! »* C'est aussi pourquoi les gens qui travaillent de leurs mains sont généralement d'excellente humeur.
Les bricoleurs le sont parfois par mesure d'économie, mais ils le sont presque toujours aussi par enthousiasme et il en va de même des enfants qui sont, par nature, des artisans enthousiastes ! Et qui tricote soi-même ses chandails découvrira bientôt chez son enfant le même plaisir du « fait maison ».
Ça fait plaisir d'être débrouillard ! Aussi les enfants (et les adultes pareillement !) sont-ils heureux de constater :
– qu'ils arrivent à rassembler tous les éléments d'un puzzle ;
– qu'on peut leur commander d'aller chercher quelque chose ;
– qu'ils ont réussi à remplir un carton au loto en images ;
– qu'ils ont bien fait attention au memory ;
– qu'ils sont capables :
– de lacer leurs chaussures ;
– de réparer (plus tard) le pneu crevé de leur bicyclette ou de recoudre un bouton ;
– de souffler un œuf pour pouvoir ensuite le décorer et en faire un ravissant présent de Pâques ;
– de récupérer (encore plus tard) une vieille montre ou un vieux vélomoteur à la brocante et de le remettre en état, etc.

Cette perspective à long terme a simplement pour but de souligner que l'expérience précoce de l'immense profit qu'on peut tirer de l'apprentissage et de sa mise en œuvre accompagnera notre enfant tout au long de sa vie.
Nous voici de nouveau confrontés à un cas d'autorégulation : Claire ne « travaille » pas parce qu'elle y est obligée, mais parce qu'elle en a envie. Cela lui procure un très réel plaisir et une profonde satisfaction. En observant ses parents et en faisant un certain nombre d'expériences elle-même, elle a compris la vérité suivante : « Fais du beau travail et tu auras un beau résultat, que tu veuilles le manger, le regarder ou jouer avec. »
Bien des « activités » répondent au seul mot d'ordre d'« agir tout seul », d'autres à celui de « participer et donner un coup de main ». Vous constatez que nous avons besoin des devises des chapitres 3 et 4 pour devenir adroits ! Quoi qu'il en soit, ces succès font à bon droit la fierté de celui qui les remporte et accroissent extraordinairement l'estime qu'il a de lui-même !
Je vous ai promis de revenir au cas d'Alexis et de vous raconter la suite de l'histoire. La voici donc :

Une première conversation nous permet, à ses parents et à moi, de mettre au point une stratégie visant à occuper Alexis, ce qui ne signifie cependant pas l'occuper à ne rien faire. Car il est très important qu'en s'occupant il puisse constater et éprouver l'utilité de ce qu'il fait. Nous choisissons donc dans le « programme des tâches domestiques » des activités qui ressemblent le moins possible à des jeux, un peu comme celles de Claire. Et nous y ajoutons – car enfin, Alexis a un an de plus que Claire – d'autres activités plus « musclées » : ranger des piles de linge dans la commode ; suspendre proprement chemises et chemisiers à des cintres ; décrotter ses bottes en caoutchouc ; balayer la cuisine ou le balcon ; accompagner ses parents au supermarché pour leur servir d'éclaireur, débusquer et rapporter les produits recherchés (« Alexis, j'ai oublié où se trouve la purée de tomates. Tu t'en souviens, toi ? ») ; ranger les courses dans le réfrigérateur, etc.

Pour son bégaiement, nous convenons, entre autres, pour toute la famille, d'un certain nombre de règles claires concernant l'écoute des autres et la prise de parole. Qu'un des membres de la famille – quel qu'il soit – hausse la voix et aussitôt les autres lui murmurent en chœur : « À voix basse et sans crier, on obtient ce qu'on voulait... »
Si besoin est, l'impétrant sera condamné à « passer un tour » de parole.
On ne peut que s'étonner de constater à quelle vitesse ces transformations portent leurs fruits : au bout de deux semaines, Alexis a déjà gagné en assurance. Son bégaiement a pratiquement disparu au sein de sa famille. Et ses crises de hurlements, elles aussi, sont devenues inutiles.
À la place, il parle de plus en plus souvent de la maternelle où il est inscrit pour le mois suivant et où il a déjà passé quelques matinées.

Alexis s'est défait de la majeure partie de ses « mauvaises habitudes » en quelques mois.

Les joies de l'école maternelle

Je dois ajouter que j'avais également conforté ses parents dans leur décision de commencer à ce moment-là l'expérience de l'école maternelle. Car c'est généralement un auxiliaire incomparable à la découverte de sa valeur propre. Il suffit, la plupart du temps, de quelques semaines d'acclimatation pour que l'enfant s'habitue à cette nouvelle communauté, qu'il apprenne à vivre avec d'autres enfants de son âge, qui ont bien souvent des problèmes identiques aux siens, et qu'il obtienne bientôt, en participant tout naturellement aux activités, en y « jouant son rôle », cette reconnaissance qu'il espère tant.
Dans une bonne école maternelle, il trouvera des structures qui faciliteront son orientation dans le temps ainsi que son acceptation

de l'ordre et des contraintes, mais qui l'aideront également à découvrir ses compétences et à les développer.

Outre les espaces de liberté qu'on y met à sa disposition, il y fera l'expérience du jeu, du chant et de la discussion à plusieurs voix au sein d'un groupe important, ainsi que celle du cadre strict des horaires des repas. En attribuant à chacun une « tâche » et avec l'aide d'auxiliaires chargés de préparer les activités, de répartir les tâches et de faire ensuite le ménage, on parvient « comme par enchantement » à **créer un esprit d'équipe**, j'entends par là que les enfants acquièrent le sens de la communauté sociale, une certaine serviabilité et le sens des responsabilités.

Les plus petits le sentent déjà et ils se disent : « *Notre participation n'est pas inutile ; sans nous, tout ça ne fonctionnerait pas aussi bien !* » On n'en fait que davantage confiance aux plus grands et voilà nos futurs écoliers qui s'attellent à des tâches plus complexes, les voilà qui participent déjà à la coordination du groupe.

Même les paquets de nerfs les plus remuants accomplissent les tâches dont on les a chargés et qui requièrent toutes leurs compétences. Et jour après jour, l'enfant parvient à s'approcher toujours davantage du but plein d'à-propos que lui ont fixé les éducateurs ; de sorte que le soir, il rentre à la maison riche d'une expérience de plus. Car il tient à ce qu'on le prenne au sérieux dans l'acquisition quotidienne de ses compétences.

Ainsi peut-il mettre en harmonie ses deux objectifs les plus importants, à savoir d'une part son besoin d'action, d'autre part son désir de se sentir membre d'une communauté (voir chap. 4), d'avoir sa place dans un programme d'activités, commun et bien rythmé, soumis à un certain nombre de lois et de règles du jeu.

Préconiser que chacun devrait manger comme il veut et « à son heure » le casse-croûte fourni par les parents reviendrait à priver ainsi les enfants de l'expérience quotidienne d'un véritable exploit commun.

J'entends déjà les voix outrées de certains contradicteurs m'objecter qu'il est tout à fait possible de faire de telles expériences autre-

ment, en jouant par exemple ou en construisant des cabanes. Sans doute, mais il n'en reste pas moins que nous avons faim tous les jours et que les préparatifs inhérents à la composition d'un repas ont une valeur nutritive pratique incontestable, alors que la nécessité de jouer est loin d'être aussi impérieuse.
Il existe, depuis quelques années, des établissements qui méritent tout notre soutien car ils vont encore plus loin dans leurs efforts pour développer chez les enfants le sens de la serviabilité, de l'intelligence pratique, de la largeur de vues et des responsabilités les uns envers les autres. C'est ainsi qu'il existe en Allemagne un établissement accueillant des enfants de six mois à onze ans qui a rassemblé les expériences les plus intéressantes qui soient : les aînés y jouent, avec le plus grand sérieux, les *mentors* pour les plus jeunes, à peu près comme cela est le cas dans les familles très nombreuses. L'apprentissage social s'effectue comme par enchantement. Or une telle cohésion sociale serait absolument impraticable sans les structures draconiennes – et partant fédératrices – décrites plus haut !

L'apprentissage de la liberté

Mais revenons à nous, les parents : dès leurs premières années, nos enfants peuvent contribuer, à leur échelle, au bon déroulement de la vie familiale et – ce qui est le plus important – y prendre du plaisir, comme Claire ou Alexis ! Voici quelques objectifs qu'il convient aussi que nous les aidions à atteindre :
– se défaire en temps voulu de dépendances inutiles ;
– ne pas se laisser « appâter » plus longtemps que nécessaire ;
– apprendre sans tarder à s'habiller, se déshabiller, aller aux toilettes et se laver les mains tout seul ;
– ne plus se laisser voiturer en poussette à trois ans, mais apprendre à aller à pied.
Ainsi permettrons-nous à notre enfant de développer et de mettre

en œuvre peu à peu, au gré de sa croissance, des compétences conformes à son âge. Il ne nous infligera plus un grand nombre de ces désagréments qui nous font parfois presque regretter d'avoir des enfants :
– excès d'agressivité ;
– crises de rage, protestations quotidiennes à table ;
– perturbations et exigences nocturnes,
– besoin de triompher quand il demande une glace, des bonbons, etc. ;
– besoin de gagner aux petits chevaux ;
– surenchérissement de comportement d'intimidation, etc.

Au premier abord, il semble qu'on se trouve devant l'alternative suivante : voulons-nous donner à nos enfants une éducation libérale pour faire d'eux des êtres mûrs et aptes à prendre librement leurs décisions, ou bien voulons-nous les enfermer dans un rigide carcan de règles et de lois qui leur inculqueront la vie en communauté au prix de leur pleine et entière souveraineté ?

Fort heureusement, il ne s'agit d'un conflit d'intérêts qu'en apparence. Ces deux attitudes seraient aussi erronées l'une que l'autre : car c'est l'assurance que lui donne la « sécurité rapprochée » des premiers temps qui permettra ensuite à l'enfant, à chaque nouvelle étape de sa croissance, de découvrir progressivement et de sa propre initiative de nouveaux espaces de liberté, d'en prendre possession au fur et à mesure que son courage augmente et d'en faire enfin, en toute assurance, les tremplins à partir desquels il lancera ses prochaines conquêtes. Exactement comme un musicien ne domine que pas à pas et au prix de longs et douloureux efforts les diverses nuances de son instrument, la maîtrise de la totalité des sonorités de l'instrument ne vient qu'à la fin et ce n'est qu'à ce moment-là qu'on peut parler de maestria et de perfection musicale !

Bref, **soutenir un enfant, c'est le rendre apte à être libre** !

Si nous croyons pouvoir nous passer de lui accorder ce soutien, nous ne tarderons pas à constater qu'en règle générale, une liberté sans bornes surmène notre enfant, spécialement quand il est tout petit. Le fait de pouvoir atteindre chaque fois l'étape suivante sans avoir d'effort à fournir va être à l'origine de troubles considérables qui risquent, à brève échéance, de compromettre lourdement la vie que nous partageons avec lui.

S'il manque, d'un côté, de l'étai de ce soutien et, d'un autre côté, d'occasions pour faire convenablement l'expérience de ses compétences, l'enfant prendra l'habitude de fonder son amour-propre sur la satisfaction de ses prétendus besoins et de ses exigences. Intérieurement insatisfait, il restera perpétuellement inassouvi, se bloquera lui-même dans son développement et deviendra bientôt pour ses parents et pour ses frères et sœurs un fardeau insupportable, sans grande chance que cela s'améliore plus tard au jardin d'enfants ou à l'école.

L'amour-propre d'un enfant « industrieux », au contraire, plonge ses racines dans le fondement stable de ses compétences propres et se nourrit du « terreau » de la communauté sociale. Il peut alors renoncer sans problème aux « béquilles » dont nous venons de parler !

En résumé

L'avenir appartient à ceux qui se lèvent tôt, dit le proverbe, parce qu'ils font preuve, dès l'aube, de beaucoup d'industrie. Et, en outre, cette dernière fait d'eux des gens heureux, serais-je tenté d'ajouter, non seulement à long terme, mais dès le commencement !

Pour aider nos enfants à faire partie de ces industrieux, il nous suffit d'encourager leurs véritables désirs :

– Être admis à s'intégrer dans un agencement préexistant, comme dans une alcôve, puis remplir et progressivement accroître la place qu'on y occupe, au rythme de sa croissance et du développement de ses compétences.

– Faire certaines choses soi-même procure de grandes émotions.

Avoir le droit d'*essayer* et de voir si « ça marche » ou pas. Faire l'expérience des conséquences de ses actions et en tirer des leçons !
– On grandit et on développe ses compétences plus rapidement et plus aisément quand on exerce sa débrouillardise en compagnie de personnes qui ont déjà de l'expérience dans ces domaines. Une seule devise : *ce sont les tours de force effectués au côté d'autrui qui nous rendent forts.*

Chers lecteurs, permettez-moi, pour terminer, une dernière comparaison.
La métamorphose (au sens anatomique du terme) d'un enfant est comparable à l'éclosion d'un bouton de rose : toute la fleur y est déjà entièrement contenue, soigneusement pliée, miraculeusement prête pour l'instant où elle va s'épanouir. La métamorphose de toute cette splendeur n'est cependant rendue possible que grâce à la protection qu'offre l'enveloppe rigide de la corolle, qui cède lentement et s'ouvre pour libérer prudemment, en temps voulu, l'agencement parfait d'une fleur magnifique !

Table des matières

DANS LA MÊME COLLECTION

Intelligent mais peut mieux faire
Jean-Luc Aubert

Quels repères donner à nos enfants dans un monde déboussolé ?
Jean-Luc Aubert

Du berceau à l'école – Les chemins de la réussite
Jean-Luc Aubert

Une autre école pour votre enfant – Les pédagogies différentes
A. Baudemont/L. Alcoba

Petits tracas et gros soucis de 1 à 7 ans – quoi dire, quoi faire
Christine Brunet/Anne-Cécile Sarfati

Papa, Maman, laissez-moi le temps de rêver !
Etty Buzyn

Vos enfants ne sont pas des grandes personnes
Béatrice Copper-Royer

Doit-on céder aux adolescents ?
Dr Patrick Delaroche

Adolescence à problèmes – Comprendre vos enfants pour les aider
Dr Patrick Delaroche

Parents, osez dire non !
Dr Patrick Delaroche

Blessures d'enfance – Les dire, les comprendre, les dépasser
Nicole Fabre

La vérité sort de la bouche des enfants – Écoutons ce que nos enfants disent
Nicole Fabre

Les mères qui travaillent sont-elles coupables ?
Sylviane Giampino

Il était une fois le Bon Dieu, le Père Noël et les fées – L'enfant et la croyance
Dominique Gobert

Notre enfant d'abord – Du divorce à la médiation familiale
Muriel Laroque/Marie Théault

Papa, Maman, on m'a traité de gros
Élisabeth Lesne

Le chemin de l'adoption – Le cœur et la raison
Jean-François Mattei

L'enfant unique – Atouts et pièges
Carl E. Pickhardt

Papa, Maman, dites-moi pour de vrai !
Gérard Sévérin

Un bonheur est si vite arrivé – Seul, en couple, en famille
Gérard Sévérin

Aux risques de l'adolescence
Gérard Sévérin

Nos enfants sont-ils heureux à la crèche ?
Anne Wagner/Jacqueline Tarkiel

DANS LA COLLECTION BIBLIOTHÈQUE DE LA FAMILLE

La Grande Enfance, les 6-11 ans
Sylvette Desmeuzes-Balland

Toutes les questions au pédiatre
Dr Antoine Galland

Votre enfant de la naissance à la grande école
Penelope Leach

Le Territoire de votre enfant
Manuel Maidenberg et Mary Canal

Une année dans la vie d'une femme
Maïté Jacquet et Mahaut-Mathilde Nobécourt

Les Compétences du nouveau-né
Dr Marie Thirion

L'Allaitement
Dr Marie Thirion

L'Éveil de votre enfant, pour un bébé actif et détendu
Chantal de Truchis-Leneveu

Pourquoi pleurent-ils ? Comprendre le développement de votre enfant de 0 à 1 an
Etty Van Rijt et Franz X. Plooij

Conception graphique : Palimpseste

Cet ouvrage, composé
par I.G.S. - Charente Photogravure
à L'Isle-d'Espagnac,
a été achevé d'imprimer sur Roto-Page
par l'Imprimerie Floch à Mayenne,
pour les Éditions Albin Michel
en mars 2000.

N° d'édition : 18929.
N° d'impression : 48425.
Dépôt légal : avril 2000.
Imprimé en France.